日本人は何を考えてきたのか

—日本の思想1300年を読み直す—

齋藤 孝

祥伝社黄金文庫

はじめに

日本の思想一三〇〇年の歴史をざっと眺め渡して、私たちが今どのような状況にいるのかを確認するというのが、この本の大きな狙いです。

私たち日本人が自国の文化や歴史を評価するときに、外国人の目を気にしすぎたり、自分たちの持っているものは最高だと自信を持ちすぎたりと、一方の極から一方の極へ行ったり来たりするということが、たびたび行なわれてきました。

それ自体は必ずしも悪いことではありませんが、とはいえそのような現象はどうして起きてしまうのかと考えると、私たち自身が、日本という国が培《つちか》ってきた思想の歴史をきちんと学んでいないからではないか、と思うのです。

一三〇〇年としたのは、日本最古の歴史書である『古事記《こじき》』が編纂《へんさん》されたのが七一二年、同じく最古の和歌集である『万葉集《まんようしゅう》』が成立したのも七〇〇年代が中心であることから、日本人の感覚や伝説が凝縮《ぎょうしゅく》されたものが文字になって記録されたのが八世紀頃として、そこから数えて約一三〇〇年ということです。

以来、現代までにさまざまなことがありましたが、その中で連綿と受け継いできたものがあります。それを「精神の流れ」だと捉《とら》えると、私たちはその流れを上流から下流まできちんと辿《たど》ったことがあるのか、という疑問が浮かびます。小学校から高校まで、学校教育の中で一通りの歴史は学びますが、この「精神の流れ」といったものを学ぶことは少ないように思います。

本文でも触れていますが、思想を学ぶ意義としていちばん大事なことは、「精神の柱」をつくることです。先人の知恵をきちんと代々受け継いで、それを時代に合わせてブラッシュアップしていくことです。

日本は今、大変な状況にあります。国の発展は端的に言えば子孫の繁栄ですが、この国は、少子高齢化による人口減少という世界史上初めての状況に直面しています。

それは、単純に日本が衰えたということではなく、環境のいい国だからこそ長寿になり、先進国だからこそ少子化になってしまう。ある意味、上手くいった国だからこそ逃れようもなく起こってしまう、こうした状況に対して、日本は初めて対処していくことになるのです。

その他にもいろいろな課題を抱えていますが、それらに対して私たちは知恵を結集して対応していかなければなりません。その中で日本人一人ひとりが、この国の精神はどのように培われてきたのかを確認することで、精神の「大黒柱」を立てる。そのことによって日々過ごしていくときの心のあり方が安定していくのではないでしょうか。

本書で見ていくように、かつての日本人は「精神」と呼べるような、心を支える基盤を代々受け継いできました。それをなくしてしまうと、日々移り変わる天気のような「心」と付き合わなければいけなくなります。そうすると気分も落ち込みがちになるなど、日々の生活の負担が大きくなり、人生の安定が損なわれます。

吉田松陰《よしだしょういん》や福澤諭吉《ふくざわゆきち》らを見ていると、この「精神の柱」がしっかりしているために、いわゆる「心の天気」に煩《わずら》わされず、大きな仕事を成し遂げることができたように感じます。それこそが、日本人が伝統として持っていたものだったはずです。

何も復古的になるということではなく、私たち日本人の先人がどのような精神の歴史を辿ってきたかを、川下りのように一気に下ってみようという試みです。流れの中でどのような景色を見たのか、どんな急流を乗り越えてきたのか。それらを体験することで、今の自分たちがどうしてこのような考え方をするのか、感じ方をするのかをわかってもらえるのではないかと思います。

それこそが、今、日本という国で生きていく私たちのアイデンティティ（存在証明）になっていくということです。では、さっそく漕《こ》ぎ出していきましょう。

齋藤《さいとう》　孝《たかし》

日本人は何を考えてきたのか　目次

言葉の力を信じる

日本語の消化力

〔第2章〕

宗教と日本人……87

日本人の宗教観はどう育《はぐく》まれたか

日本人は無宗教？

［第3章］

西洋と日本人

アメリカへのあこがれと西洋コンプレックス

「日本」はどこにある？

［第４章］

日本人の人生観……227

ブックデザイン　フロッグキングスタジオ

［第1章］

言葉と日本人

日本語の表現に込められた精神

●日本人とは日本語である

「日本人とは何か？」そう聞かれたとき、あなたなら何と答えるでしょうか？

もちろん法的には国籍の問題ということになるのでしょうが、ここで問題にしたいのは、そういう制度的なことではなく、どのような人を日本人だと感じるか、あるいは日本人らしいとはどういうことか、ということです。

私は、「日本人とは日本語を母語としている人」と答えます。なぜなら、その人の感覚が日本的かどうかということが、相手を日本人として共感し合えるかどうかのポイントになっていると思っているからです。

人の感覚というのは、その人が生まれ育った母語に根ざしています。

感覚の根底に母語があるということは、用いる言語によって感覚も変わるということです。

なぜ言語によって感覚が変わるのかというと、人は無意識に「言語の網の目」で物事を捉え、分類しているからです。つまり、母語というフィルターを通して世界を見ているのです。

近代言語の父と言われるスイスの言語哲学者フェルディナン・ド・ソシュール（一八五七～一九一三）は、「言語は差異の体系である」と言っています。これは、一つひとつの言葉そのものが意味を持っているわけではなく、近い意味を持つ言葉がいくつか合わさることで意味が生じる、言語は「網の目（差異）」によって体系づけられている、ということです。

だとすると日本語は、日本語の言葉同士の差異によって成り立っている、ということになります。

たとえば「粋《いき》」という言葉と「渋み」という言葉、さらに「わび」や「さび」という言葉はどれも似た意味を持っていますが、それぞれに違いもあります。この「ちょっとずつの違い」が、物事の捉え方に違いを生み出しているということです。

日本語を母語として育った人は、同じ言語の網の目を共有しています。これが、「日本人としての感覚」の共有につながります。日本に生まれ育ち、日本語の中で育つことによって必然的に身につく日本的な感覚、これを持つ人を、私たちは日本人だと感じているのです。

●「私」と言わない日本人

日本語の特徴の一つに、「私」や「あなた」と言いたがらないということがあります。たとえば、急いでいるときに日本人は「もう行かないと」と言いますが、英語では「I have to go.」などのように必ず「I」という主語が入ります。

なぜかといえば、おそらく、「私」というものはできるだけ主張しないほうがいいという、「美意識」のようなものを日本人は持っているからだと思います。

実際、日本では「私、私」と言う人は嫌われます。日本人にとって自分の存在は控《ひか》えめにすべきものであり、極端なことを言えば消してしまったほうがいいとさえ感じているのではないでしょうか。

自分だけでなく、相手に対しても同じことが言えます。何かものをあげるときにも「あなたに」とか、御礼をするときにも「あなたのしたことが」といったことをあえて明示しません。

この「自分も相手も指し示さない」という特徴は、かなり古い時代から、日本語の伝統として守られてきました。

学生時代に『源氏物語』や『蜻蛉《かげろう》日記』といった古典の原文を読むのに苦労したという人は多いと思います。なぜこうした古文が難解なのかというと、主語はもちろん、誰に対して言っているのかも省略されてしまっているため、ちょっと読んだだけでは誰と誰が話しているのかわからないからです。

なぜ書かなかったのかというと、先ほども触れましたが、不作法だからです。書くことはもちろん、口に出すことも日本人は不作法だと思っていました。

『万葉集』に次のような歌があります。

葦原《あしはら》の　瑞穂《みずほ》の国は　神《かむ》ながら　言挙《ことあ》げせぬ国　然《しか》れども　言挙げぞ我がする
言幸《ことさき》く　ま幸《さき》くませと　つつみなく　幸くいまさば

荒磯波《ありそなみ》　ありても見むと　百重波《ももえなみ》
千重波《ちへなみ》にしき
言挙げす我は　言挙げす我は

（『万葉集』巻十三　三二五三）

「言挙げ」というのは、言葉を口に出して言うことです。つまりこの歌では、葦原の瑞穂の国（日本）では、神に対して言挙げすることは不作法でしてはならないことなのですが、と断ったうえで、「私はあえて言います」と相手の無事を言葉にして祈っているのです。

この歌からは、日本では神に対して言挙げするのは不作法だと考えられていたことがわかります。

日本には、できるだけ明示しない、明らかにしない、指し示さないことをよしとする思想があります。おそらく、その源《みなもと》にはこうした言挙げの意識があるからだと考えられますが、もっと現実的な理由もあると思います。

一つは、誰が誰にと指し示してしまうと不作法なので、失礼にならないようにという配慮。もう一つは、それを指してしまうことによって何かトラブルになったら嫌だという思いです。

どちらの理由からも窺《うかが》えるのは、日本人の気の小ささです。

不作法を気にするのは、身分が上の人に間違っても失礼にあたるようなことをしないようにと思うからですし、トラブルを嫌うのはもめ事になったときに反撃をくらうのが怖いからです。

このビビりがちな気持ちが日本人の人を気遣う気持ちを生み、さらには、そういう感覚を共有する人を仲間だと思う。その仲間意識を共有するということが、言葉を換えれば日本人であるということなのだと思います。

●すべては自然現象のごとく

日本の古典には、日本人ならではの感性や知性、あるいは日本人として持つべき常識といったものが込められています。

つまり、細かく説明しなくても「当然、わかるよね」という暗黙知《あんもくち》を前提として書かれているということです。一般的な散文でさえそうなのですから、三十一文字（みそひともじ）で表現しなければならない和歌では、そうした暗黙知を前提とした省略はさらに加速します。

こうした省略において、重要な役割を果たしているのが日本の自然、特に四季です。日本の和歌集の多くは、春夏秋冬で整理されています。

たとえば、良寛《りょうかん》（一七五八～一八三一／曹洞宗の僧・歌人）の詠《よ》んだ和歌を集めた東洋文庫の『良寛歌集』の分類は、やはり春夏秋冬です。

なぜ多くの和歌集が春夏秋冬で整理されているのかというと、それが最もやりやすいからです。和歌は俳句のように季語を盛り込まなければならないという制約はないのですが、それでも春夏秋冬できちんと分類できてしまうのです。それだけ四季というものが、日本人の心情を表現する際に重要になっているということです。

もちろん四季は日本に限ったものではありません。しかし、日本では詩歌はもちろん、あらゆる文学に春夏秋冬が入り込み、心情の大きな部分を占めてしまっています。

人間をやめるとすれば冬の鵙《もず》

これは俳人・加藤楸邨《かとうしゅうそん》（一九〇五～一九九三）の句ですが、皆さんはどのように感じるでしょうか。

多くの人が「冬の鵙」という言葉に厳しさや孤独感、寂しさや強さというものを感じたことと思います。つまり、この句はただの「鵙」ではなく「冬の鵙」であることが重要なのです。

同様に、冬の歌を数多く詠んだことで知られる詩人・高村光太郎《たかむらこうたろう》（一八八三～一九五六）は、『冬が来た』という詩で「冬よ／僕に来い、僕に来い／僕は冬の力、冬は僕の餌食だ」と書き、「私は身を切るような冬が好きだ」と言っています。「冬が好きだ」という言葉を聞いただけで、ほとんどの日本人が彼の心情の強さを想像します。

日本人は、和歌や俳句の世界で、自然に仮託して心情を表わすという表現方法を生み出し、その中で感性を洗練させてきました。その結果、日本人の心情表現は自然と溶け合うようなかたちで発達してきたのです。

●風景に溶け込む

日本人の感性を育《はぐく》んだ日本語。その中でも和歌や俳句の果たした役割は非常に大きなものがあります。

実際、連歌から発句《ほっく》（最初の句）を独立させることで成立した俳句では、文字数が一七文字と極端に制限されていることもあり、自分の感情を言葉でストレートに表現することはほとんどありません。俳句では、自然の情景を歌うことで、自分を自然に仮託して自分の心境を表わすというのが「作法」になっています。そのため、俳句の言葉を表面的に見ると、自然の情景を描写しているだけに見えます。

『奥の細道』で知られる俳人・松尾芭蕉《まつおばしょう》（一六四四〜一六九四）の有名な句をいくつか見てみましょう。

五月雨《さみだれ》を集めて早し最上川《もがみがわ》

荒海や佐渡《さど》に横たふ天の河

閑《しず》かさや岩にしみ入る蟬《せみ》の声

古池や蛙《かわず》飛び込む水の音

これらはどれも、そのときの自然の風景しか詠んでいないように見えますが、そのことだけを表現したいのではありません。目の前にある風景を詠むことで、その中に自分というものを溶け込ませているのです。

たとえば、「閑かさや岩にしみ入る蟬の声」という句では、風景の中で静寂を感じている自分というものは表現されていません。むしろ、その静寂の中に自分もまた溶け込んでいるような印象を受けます。

そうすることで、この句を詠んだ人を、「この静寂な気分を皆さんもお一つどうですか」と誘い、あたかもみんなでお茶を分け合って飲むように、感覚を共有する仕組みになっているのです。

西洋では、むしろ自然と自分を明確に分け、あくまで自然ではない自分というものを表現する傾向があります。

自然と自分を区別するのではなく、自分を自然に溶け込ませることをよしとする。こうした日本語の特性は何に起因しているのでしょう。

哲学者・和辻哲郎《わつじてつろう》（一八八九〜一九六〇）は『風土―人間的考察』（岩波文庫）という本で、風土による人の精神構造の違いを考察しています。西洋には自然や動物と異なる人間の特性とは何かということを追求する考え方があるが、これは自然環境の厳しいところでは、人間的なるものを打ち立てていくことによって、自分たちを自然の猛威から隔絶する形で自己了解をしてきたからだ、と考察しています。

西洋人が、考える力は動物にはない人間だけが持つものだと主張したり、ピラミッドのような明らかに自然物にはない幾何学的な建築物をつくったり、都市を城壁で囲い込んで自然と隔絶させることを好んだりするのは、厳しい自然環境の中で生きてきたからだということです。

これに対し日本人は、木と紙でつくった家に住みます。自分の存在が自然に溶け込んだ状態を好み、自然に溶け込んでいる自分がうれしいという感覚を持っているのは、日本人の最大の特徴と言えるかもしれません。

●音に対する感覚

日本人としての感覚、それは『万葉集』のころから連綿と使われてきた日本語の中にあります。そして、その感覚は、長い時間を経ても変わることなく日本人ならではの感性として受け継がれています。

たとえば「萌《も》え」という言葉があります。

今この言葉は、オタク文化の中で使われることが多いので、新しい言葉のように思っている人が少なくないのですが、実は「萌え」というのは、かなり歴史の古い由緒正しい日本語なのです。

石走《いわばし》る垂水《たるみ》の上の早蕨《さわらび》の萌え出《い》づる春になりにけるかも

これは『万葉集』（第八巻一四一八）にある歌です。

「萌え出づる春」という表現からわかるように、「萌え」というのは、春に植物が芽吹く様子を表わす非常に古い日本語です。

現代オタク文化で使われる「萌え〜」は、かわいらしい女の子、特に二次元の女の子に対して抱くフワフワとした気持ち、かわいらしさとムラムラした感じが合わさったような感じを表現する言葉なので、由緒正しき「萌え」とはだいぶ違うように感じるかもしれません。しかし、春という季節は、もともとムラムラとする季節でもあるので、両者にはやはり共通するものがありそうです。

この時代を超えた共感はどこから来ているのかというと、日本人が共有する「音に対する感覚」なのです。

日本人なら、もともとの「萌え」という言葉を知らない人でも、「まみむめも」という「ま行」の音には丸みを帯びたやわらかさを感じます。ですから「萌え」という言葉が、今の時代にこのような形で復活したのは、「もえ」という音に対する感覚が昔も今も共通しているからではないでしょうか。

こうした音に対する感覚は、「まみむめも」と「かきくけこ」と比べてみるとよくわかります。「まみむめも」の丸みに対して、「かきくけこ」は角張った感じ、もしくはキュッとまとまっている感じがすると思います。

最近、女の子の名前に「○○子」と「こ」がつく名前が少なくなっています。もちろんそこには流行《はや》りの問題もあるのですが、「こ」という音がちょっと硬い印象を与えてしまうということが関係しているのではないかと私は思っています。

実際、最近流行の「まゆ」とか「あや」といった名前を、昔多かった「よしこ」とか「けいこ」という名前と比べると、ずっと柔らかい感じがします。特にや行の音「やゆよ」は、ま行以上に柔らかい印象を与えます。試しに「まゆ」と「まゆゆ」を比べると、「まゆゆ」のほうが柔らかく、「あや」と「あやや」を比べると、やはり「あやや」のほうがやわらかい印象を受けます。

このような音に対する感覚の共通性について「日本人なら」と言いましたが、実は音に対する感覚には、民族・言語にかかわらずある程度の共通性があることもわかっています。

このことが最初に報告されたのは、一九二九年、ドイツの心理学者ヴォルフガング・ケーラー（一八八七〜一九六七）の行なったある心理実験によるものでした。

人はどのような音からどのような感覚を受けるか、そのことを調べるため、ケーラーは次のような実験を行ないました。それは、丸みを帯びた形と、直線のギザギザした形をした二つの図形を見せ、「これらには〈ブーバ〉と〈キキ〉という名前がついています、どちらがブーバでどちらがキキだと思いますか」と質問するというものでした。

すると、ほとんどの人が丸みを帯びた形を「ブーバ」、ギザギザの形を「キキ」としたのです。この結果に、年齢や性別、母語による違いはほとんど見られませんでした。つまり、音に対する感覚は、世界的に共通のものだったのです。

●なぜ日本語は七五調になったのか

アメリカ生まれの日本文学者・リービ英雄《ひでお》さんの著書に『英語でよむ万葉集』（岩波新書）という好著があります。日本人にとってもなかなか難解な万葉集の歌を、非常に上手に英訳したもので、むしろ日本語の歌を詠むより歌の内容がわかりやすくなっています。

たとえば、次の歌を英訳と共に読んでみましょう。

田児の浦ゆ　うち出でて見れば　真白にぞ　不尽の高嶺に　雪は降りける

田児の浦から出て見ると、真っ白に、
富士の高嶺に雪が降っていたことだ。
（山部赤人、巻3・三一八）

Envoy to
Poem on viewing Mount Fuji
by Yamabe Akahito

Coming out
from Tago's nestled cove,
I gaze :
white,pure white
the snow has fallen
on Fuji's lofty peak.

（『英語でよむ万葉集』）

和歌を英語に翻訳するとき、和歌の形式通り五七五七七という音節を守って訳すのが理想なのですが、それが非常に難しいことがリービ英雄さんの訳を見るとよくわかります。英語と日本語では音節の捉え方が異なるからです。

日本の詩歌の最大の特徴は、七五調と言われる七音と五音のリズムを繰り返す形式です。日本語は、基本的に一音（拍）ずつ区切られるため、五七五七七とか五七五というように数えやすいという特徴があります。

こうした定型より一字でも多いと「字余り」と言い、少ないと「字足らず」と言います。このように言葉の「数」を重視するという特性は、日本の詩の発達を考えるうえで非常に重要なことです。では、日本人にとって非常に心地よく感じられるこのリズムはどこから生まれたのでしょう。

作家の井上《いのうえ》ひさし（一九三四〜二〇一〇）さんは『私家版　日本語文法』（新潮文庫）という著書の中で、日本語が七五調のリズムを刻むようになった理由として、日本語には「2n+1」という基本公式があると述べています。

ヤマ、カワ、ウミ、ソラ、トリ、ウオ、イネ、ハナ、フク、カネなど、日本語の基本単語には二音節のものが多い。一方、これらの二音節の言葉の上にかぶせられる枕詞は圧倒的に五音である。すなわち合わせて七音。

他方、二音節の言葉が助詞群（一音が多い）で繋がれ、[2・1・2]、あるいは[2・2・1]で、五音となる。

こうして七音と五音が日本語の基本の韻律となった。

（『私家版　日本語文法』）

日本語はリズムになろうとする前にまず二音ずつの音塊になるといった。これが正しければ、自然に七五調は「日本語の宿命」ということになるだろう。すなわち「2n+1」が成り立つからである。二音の塊りがいくつかに助詞ひとつ、これを数式にして「2n+1」なのだが、このnが二個であれば五音、三個なら七音が得られる。
（前掲書）

日本語が七五調になった理由はこれだけではないとは思いますが、二音が基本となっているというのは興味深い指摘です。

日本語は一文字＝一音とはっきりしているだけでなく、その一音一音に意味がありまます。

たとえば、大和言葉における「み」や「ち」という言葉（音）は、霊魂や神といった霊的な意味を持っています。雷の神である「いかづち」の「ち」、海の神である「わだつみ」の「み」、これらは神を表わす神聖な言葉です。事実、漢字が日本に入ってきたとき、日本人は「ち」という音に霊魂の「霊」や命の源である「血」という字を当てています。

この「ち」や「み」という言葉は、日本に神という言葉が入ってくる前から用いられていた抽象的な概念です。そのため、大和言葉ではさまざまなものに宿る霊性を表わすとき、「○○み」や「○○ち」としたのではないでしょうか。

海の神様は、海を意味する古語「わた（わだ）」＋「み」で「わだつみ」。

山の神様は、「やま」＋「み」で「やまづみ」。

食べ物の神様は、食物を意味する古語「うけ」＋「ち」で「うけもち」。

このように日本語では意味を持つ一音一音を組み合わせることで、言葉を増やしていったと考えられるのです。そうして二音の言葉が数多く生まれ、その二音を助詞でつなぐことで五音と七音のリズムが自ずとつくられていった、というのが井上説です。

●漢字と大和言葉の不幸な結婚

言葉の数を数えるということは、古い日本語「大和言葉」の時代から行なわれていました。大陸から「漢字」が伝来する以前のことです。

文字を持たなかった日本人は、大和言葉の表記に、大陸から伝来した漢字を導入します。

日本が中国から漢字をもらったことをもって、恩恵をうけた、すなわち日本語にとって幸運なことであったと考える人があるが、それもまちがいである。それは、日本語にとって不幸なことであった。

（『漢字と日本人』）

これは、中国文学者である高島俊男《たかしまとしお》先生の著書『漢字と日本人』（文春新書）の一節です。

日本人は、漢字を導入するにあたり、二種類の方法をほぼ同時に採用しています。一つは「漢字の音を生かして当てはめる方法」で、もう一つは「漢字の意味から読み方を導く方法」です。これを「万葉仮名」と言います。

万葉仮名というと、漢字をちょうど当て字のように当てはめたものだと思っている人も多いのですが、万葉仮名には決まったルールがないので、実はとても複雑なのです。

それでも、日本語にとって表音文字を手に入れたことは大変便利なことでした。

今は、表音文字としてひらがなとカタカナという漢字とは異なった文字が使われているので、文章を見たときに、すぐにどれが表音文字でどれが表意文字かわかります。しかし、万葉仮名は伝来した漢字をそのまま使用したものです。

「ひらがな」と「カタカナ」は、後に日本人が漢字から、その一部を取ったり崩したりすることで、開発した簡素な形の表音文字です。

『万葉集』（成立／七～八世紀）や『古事記』（七一二年）、『日本書紀《にほんしょき》』（七二〇年）といった古文書《こもんじょ》では、漢字が表音文字（万葉仮名）としても表意文字としても使われてしまっているので非常に難解です。

それでも『日本書紀』は比較的漢文体に近い表記がされているのでまだいいのですが、『古事記』は内容が神話だということもあって、大和言葉の性質が色濃く、原文は非常に難解です。

その難解な『古事記』を今、私たちが読むことができるのは、江戸時代の国学者・本居《もとおり》宣長《のりなが》（一七三〇～一八〇一）が、約三五年もの歳月を費やして解読に挑み、その成果を『古事記伝』という注釈書にまとめたからです。

本居宣長が『古事記』解読を志したきっかけは、「松坂《まつさか》の一夜《ひとよ》」と称される賀茂真淵《かものまぶち》（一六九七～一七六九）とのたった一夜の出会いでした。

伊勢《いせ》松坂の旅籠《はたご》に宿泊していた真淵のもとを宣長が訪ねたのは一七六三年、真淵はすでに六十代後半、『万葉集』の研究で名を馳《は》せた学者で、対する宣長は学問で身を立てることを志す青年でした。

本居宣長が、「わたしはかねがね『古事記』の研究をしてみたいと思っていたのですが、それについて何かご注意いただけることはございますか」と尋ねると、真淵は喜び、次のように言いました。戦前の小学校の国語教科書から引きます。

「それはよいところに気がつきました。私も実は我が国の古代精神を知りたいといふ希望から、古事記を研究しようとしたが、どうも古い言葉がよくわからないと十分なことは出来ない。古い言葉を調べるのに一番よいのは万葉集です。そこで先《ま》づ順序として万葉集の研究を始めたところが、何時《いつ》の間にか年をとつてしまつて、古事記に手を延ばすことが出来なくなりました。あなたはまだお若いから、しつかり努力なさつたら、きつと此《こ》の研究を大成することが出来ませう。たゞ注意しなければならないのは、順序正しく進むといふことです。これは学問の研究には特に必要ですから、先づ土台を作つて、それから一歩一歩高く登り、最後の目的に達するやうになさい。」

（『尋常小学国語読本巻十一』昭和四年翻刻発行・東京書籍株式会社より）

万葉仮名は、平安時代には早くも使われなくなってしまっていたため、江戸時代には読むことができなくなってしまっていました。そうした中で、国学者と言われる人々が、日本人の精神の根底には、中国から学んだ「漢心（からごころ）」ではなく、日本古来の「大和心（やまとごころ）」があるのだとして、万葉仮名で書かれた古典に目を向けるようになっていたのです。

こうして『万葉集』を研究した賀茂真淵は、本居宣長に『古事記』研究を託し、宣長は見事にそれをやり遂げたのです。

日本語と漢字といういわば「不幸な結婚」の産物である『古事記』の解読には大変な苦労が伴いました。漢字が持つ音を一つずつ大和言葉の音に合わせていくとともに、一方では表意文字としての漢字として使われている部分をも特定しなければならなかったからです。

こうした漢字の二種類の使い方は、日本語において漢字を「音読み」と「訓読み」という二通りで使い分けることにつながっています。

●振《ふ》り仮名《がな》の効用

日本語と漢字の結びつきは、確かに「不幸な結婚」だったのかもしれません。しかし、それによって得たものもあります。

その一つが、「振り仮名（ルビ）」です。実は、振り仮名は、日本語に特徴的なものと言っても過言ではない、大変珍しいものなのです。

日本語の漢字の読みは「音読み」と「訓読み」があるので複雑です。

たとえば、これは先の『漢字と日本人』に出ていた例ですが、次の文章を声に出して読んでみてください。

「十一月の三日は祝日で、ちょうど日曜日です」

（『漢字と日本人』）

日本人であれば、ほとんどの人が普通に読むことができる文章です。

でも実は、この文章は、外国人にとってはとても難しいものなのです。なぜならこの文章では、「日」という一種類の漢字を、「か」「じつ」「にち」「び」と、四種類もの読み方で読み分けなければならないからです。

こうした複雑さを克服するために発明されたのが「振り仮名」です。

その歴史は古く、最も古いものではひらがな発明以前にまで遡《さかのぼ》ります。ひらがながないのに、どのようにルビを振ったのか、と疑問に思うかもしれません。実は、ひらがな発明前の古いものは、漢字に漢字でルビが振られていたのです。つまり、漢字の読みが万葉仮名でつけられていたのです。「仮名」に対して漢字を「真名《まな》」と言いますから、これは振り仮名ならぬ「振り真名」です。

日本語の「読み」に重要な役割を果たしてきた振り仮名は、日本の言語思想に非常に大きな影響を与えました。振り仮名は日本人にとって、もはや漢字の読み方を示すだけのものではなく、言葉に複雑なニュアンスを込める手法として活用されています。

たとえば、幸田露伴《こうだろはん》（一八六七～一九四七）や夏目漱石《なつめそうせき》（一八六七～一九一六）など明治の文豪と呼ばれる人たちが書いたものを読むと、漢語の言葉に江戸言葉のような振り仮名をつけるなど、とても粋な使い方がなされています。

　また、子ども向けの本に振り仮名は欠かせませんが、私が子どもの頃に読んだ『猿飛佐《さるとびさ》助《すけ》』に、「悄然として」という言葉に「しょんぼり（として）」という振り仮名がつけられていたのを覚えています。もちろん「悄然」の正しい読みは「しょんぼり」ではなく「しょうぜん」です。しかし、子どもには「しょうぜん」と振り仮名が振ってあってもそれだけでは意味がよくわかりません。

　そこで難しい言葉を使いながらも、子どもにも意味がわかるように振り仮名で工夫していたのです。子どもは、こういうものを読むことで、内容を理解するだけでなく、難しい言葉の意味を知らず識《し》らずのうちに学ぶことができたのです。

　漢字の熟語に、その意味や大和言葉を振り仮名として振るというやり方は、歌の歌詞や、マンガの台詞《せりふ》で今もよく使われています。

　たとえば、立原《たちはら》あゆみさんのマンガのタイトル『本気！』に「マジ」という振り仮名を振るとか、『北斗の拳』の「強敵」と書いて「とも」と読ませるというのは有名ですし、Jポップや歌謡曲の歌詞には、「女性」と書いて「ひと」、「運命」と書いて「さだめ」と読ませるといったものがたくさんあります。

　振り仮名をこのように使うと、強敵でありながら友であるというように、もともとの漢字が持つ意味に、ルビの言葉のイメージが重なるので、一つの言葉でありながら、複雑で豊かなイメージを込めることができるのです。

特に、「生命」と書いて「いのち」と読ませるというように、漢字に大和言葉のルビを振ることがよくあります。これはなんとなくそのほうがしっくりくるからなのですが、なぜしっくりくるのかというと、「セイメイ」という漢語の音より、「いのち」という大和言葉の持つ音のほうが、私たち日本人の感覚に優先的に入ってくるからだと思います。

日本に漢字が伝来してからまだ二〇〇〇年弱、日本語の歴史はそれよりもずっと古いのですから、やはり大和言葉の音というのは、とても深いところで日本人のタマシイと結びついているのだと思います。

言葉の力を信じる

●思いが言葉になって溢《あふ》れる

明治大学の企画で毎年行なっているトークショーでのことです。歌舞伎役者の板東玉三郎《ばんどうたまさぶろう》さんが、言葉というのは想念がグーッと増幅して口から溢れ出るものなので、台詞もそういう形で出たものでないとだめだ、とおっしゃっていました。

台詞をただ覚えて言うというのではなく、役者の体に想念が広がって、それが結果として言葉になって口から溢れ出るというのでなければ、同じ言葉であっても、見る人に感動を与えることはできない、ということです。

思いが溢れて言葉になるというのはどういうことなのか、このトークショーで玉三郎さんは、二〇〇七年に玉三郎さんの主演で歌舞伎化された、有吉佐和子《ありよしさわこ》（一九三一〜一九八四）さん原作、『ふるあめりかに袖はぬらさじ』という作品の台詞を例にお話しくださいました。

この舞台では、雨が降る中で、玉三郎さん演じる芸者のお園《その》が「それにしてもよく降る雨だね」と言うシーンがあります。

この台詞は、字面《じづら》だけ見ると、単に梅雨どきで雨が続くと言っているだけのように見えますが、そうではありません。

時は幕末、お園は開港間もない横浜の遊郭《ゆうかく》で働く芸者です。当時の遊郭には、心ならずも異人の相手をする遊女もいました。そうした背景を考えたとき、雨は単なる雨ではなく、日本に降り注ぐアメリカの脅威に重なります。タイトルの「ふるあめりかに袖はぬらさじ」は、物語の中に登場する、異人の誘いを拒んで自殺した遊女が詠んだものとされる辞世の歌「露をだにいとふ大和の女郎花《おみなえし》ふるあめりかに袖はぬらさじ」の一節です。

降り続く雨を見たとき、お園は自分に降りかかる宿命もまた降りやまないと思ったのでしょう。けれども自分はその宿命に負けたくない、そういう気持ちのこもった、「それにしてもよく降る雨だね」なのです。

このような説明をした後、玉三郎さんは、「それでは皆さんも、お園の気持ちになってこの台詞を言ってみましょう」と会場の人たちを促しました。

それはおもしろい試みでした。

「それにしてもよく降る雨だね」という、ありきたりな台詞が、ただの天気の話をしているのではない、宿命の話をしているのだと思うと、みんな言い方がガラッと変わってくるのです。

活字にすると同じですが、言い方はAパターン（天気）、Bパターン（宿命）と思ってそれぞれやってみると、素人であっても全然違ったニュアンスが伝わってくるのです。

このワークで私は、言葉というのは、想念が身体全体に広がって溢れ出たとき、つまり、想念と身体と言葉が一体化している人の表現は、たとえそれが美しい言葉ではなかったとしても、その姿は美しく、出た言葉は相手に感情を伝えることができるものとなるということを実感しました。

そして、これこそが玉三郎さんの演技の美しさの秘密なのだとわかりました。

美しい日本語とか美しい表現といったときに、大抵の人はきれいなものをきれいに表現すると捉えがちです。しかし、そうではないのです。想念と、身体と、言葉が連動しているもの、それはどんな感情であったとしても美しいのです。

玉三郎さんは役の想念を精製、蒸留して自分の中に取り込み、それを身体全体から溢れ出るまでに増幅させて、台詞を語っていたのです。だから、「それにしてもよく降る雨だね」という短い台詞で、聞いている人にこのうえない感動を与えることができるのです。

私は長年、「音読」を勧める活動をしていますが、きちんと感情を込めて読むということは、作者の溢れ出た思いに、自分の身体を重ね合わせるということであり、より深く作品世界を味わうことができる素晴らしい体験なのです。

『平家物語』などは、冒頭の「祇園精舎《ぎおんしょうじゃ》の鐘の声」で無常観に浸され、那須与一《なすのよいち》の場面で「与一鏑《かぶら》を取ってつがひ、よつぴいてひやうど放つ」と音読していると、自分も高揚した気分になってきます。きっとそのときの自分は、そこに書かれている那須与一の心のあり方と、自分の身体と心が一体化しているのだと思います。

●日本人が信じていた「言霊《ことだま》」の力

思いが溢れ出たものが言葉になるわけですが、日本人はだからこそ、ストレートな表現や言葉を避けるようになっていきます。

なぜなら、日本人にとって言葉とは呪術《じゅじゅつ》でもあったからです。

『日本人の言霊思想』（豊田国夫著／講談社学術文庫）を見ると、古代の日本語の多くが言霊信仰に結びついていることがわかります。

「言霊」というのは、言葉が持つ霊力のことです。古代日本人は、言葉には「言霊」という霊力があるので、言葉に出して言うとそれが現実のものになってしまうという「言霊信仰」を持っていました。

先に日本は言挙げせぬ国だったと言いましたが、なぜ言葉にしないのかというと、もちろん不作法だからというのも大きな理由ですが、言霊によってそれが現実になってしまうので、みだりに言葉にしてはいけないと考えられていたからなのです。

こうした言霊信仰に、やがて権力者の思惑が重なっていきます。言ったことが現実になるのであれば、みんながそれぞれ自分の思いだけで言いたいことを言っていたら世の中は大変なことになってしまいます。そこで権力者は、言挙げする者を限定して、為政者が認めた者だけが神とやり取りをするので、みんなは無闇に言挙げをしないように、と命じます。でもその裏には、権力者に対する反論や批判の声が上がるのを防ぎ、服従を強《し》いるという思惑もあったと考えられます。

こうして言葉を発することを恐れた日本人は、さらに「忌《い》み言葉」を開発します。これは縁起の悪い言葉を使うのを禁じるというものです。今でも結婚式などおめでたい席では、「別れる」「切れる」など縁起の悪い言葉は使ってはいけないとされています。

また、縁起の悪い言葉を縁起のいい言葉に言い換えるというのも忌み言葉の一つです。たとえば「擦《す》る」や「掏《す》る」に通じる「するめ」はよくないので、「当たり」に通じる「あたりめ」と言い換えるなどです。

そうしてできる限り直接的な表現を避け、主語を曖昧《あいまい》にし、自分の心情を伝えるときは自然に仮託して表現するという、日本語のスタイルをつくり上げていったのです。

●日本人はなぜスピーチが苦手か

言霊信仰の伝統から、日本では感情の高まりのまま言葉を発するのは控えるべきであるという作法が定着しました。言葉は本来、想念がその身に満ち溢れ出たものなのですが、感情のまま想念を溢れ出させてしまったら、いい言葉も悪い言葉もコントロールすることができなくなるからです。言霊を信じていた日本人にとっては、これはとても危険なことでした。

だから日本語では、感情を抑制することがよいこととされました。結果、抑揚も小さくなり、むしろ抑揚を大きくしないことが上品とされるようになっていきました。

これが英語を音読するときの足枷《あしかせ》となりました。英語は、ある程度抑揚とか強弱がないとうまく伝わらないからです。けれども日本語の感覚があるので、抑揚を出すのを極端に恥ずかしがってしまうのです。

日本人のスピーチ下手は有名ですが、その根底にあるのも同じものです。福澤諭吉《ふくざわゆきち》は（一八三五〜一九〇一）、英語の「speech（スピーチ）」に「演説」という語を当て、慶應義塾には「演説館」というスピーチのための場（講堂）までつくっていますが、そういうものをつくらなければいけないほど日本人はスピーチが苦手だったということです。

これは今も大して変わっていないのではないかと思います。たまにスピーチを頼まれたりすると、妙に硬くなったり、ダラダラと長くしてしまったり……。結婚式のスピーチなどやるのも嫌、聞くのも嫌という人も多いのではないでしょうか。

でも、日本人は、できるだけ人前で自分の考えを言う機会がないように、ないようにと努めてきたのですから、これはある意味しかたのないことです。一方西欧は、長いスピーチの歴史を持っています。その歴史は二五〇〇年前の古代ギリシャ時代まで遡ります。アテネなどの都市国家では、公の場で自分の意見を言い、議論することが市民に求められる力であり、権利でした。

●「時間」を組み込んだ訓練で日本語力を高める

しかたがないとはいえ、これだけ国際化が進んだ社会では、日本人相手のように言わなくても伝わる場面は少なくなっています。どうすれば恥ずかしがらずにきちんと言葉で表現できるようになるのか、その対策が急務になっています。

スピーチやプレゼンテーションなど、人前で堂々と自分の意見を言うことができるようになるためには、数多く経験を積むしかありません。

しかし、ただ単に回数をこなすだけではダメです。実際、何十回も経験しているのに、一向にスピーチがうまくならない企業重役を結婚式などでよく見かけます。

では、どんな訓練をすればいいのでしょう。

経験から言えば、最も効果的なのは、「時間」を制限することです。私の授業では、学生に発表させる際に、一人あたり持ち時間三〇秒と最初に制限をかけて、時間が来たら発表が途中でも、次の人に代わるというやり方をします。

最初の二、三回はうまく話せない人がほとんどですが、そのうちにみんな慣れてきて、やがて制限時間を一五秒に短縮しても、うまく意見が言えるようになっていきます。

最初から時間が少ないとわかると、自然と結論から言うようになります。言いたいこと、言うべきことに優先順位をつけて簡潔な話ができるようになるのです。

日本語は文末決定なので最後に結論を聞き終わるまでわからない、だからスピーチには向いていないと、スピーチ下手を言語の問題にしてしまう人がいますが、それは間違いです。英語でも、必ずしも最初に意味が全部わかるわけではありません。

問題は、日本語の言語構造にあるのではなく、結論をスパッと最初に言わなければいけないような事情が日本人にはなかったということです。日本では、むしろ結論を曖昧にして、周囲の意見に溶け込んでしまうことがよしとされてきました。会議でも、自分の意見を言うことは少なく、機会があったとしても日本の会議は時間に関してルーズなので、素早く簡潔に話をすることを求められることがなかったのです。

日本語でも慣れさえすれば、伝えたいことを手短かに言うのに何の不自由もありません。日本人のスピーチ下手は、単なる練習不足にすぎないのです。自分で練習する際に効果的なのが、ストップウォッチを使って、一五秒単位で時間感覚を身につけることです。今はみんながクリエイティブであることを求められる時代になりました。そういう時代に求められる日本語力は、自分の意見を効率よく結論から伝えていくことです。ですから「時間」という要素を入れることで、一人ひとりが日本語力をアップさせていけば、日本語は新たなステージに進むことができるのではないかと思います。

●引用力を鍛える

自分の意見を言うことは大切ですが、ただ自分勝手な考えを主張すればいいというものではありません。それまで蓄積されたものを踏まえて話ができると説得力が増します。日本文化もそうですが、文明は文字の発明によって急速に発展しました。なぜかというと、先人の思想や発明・発見、経験などを蓄積することが可能になり、それらを踏まえて物事を考えることができるようになるからです。

文字がない時代も「口伝《くでん》」という伝達方法はありましたが、多くの人が知識を共有するためには「記録」が必要です。

二十一世紀を生きる私たちが、千年以上前の奈良時代や平安時代の和歌を知っているのも、それらが『万葉集』などの歌集に記録されているからです。

こうした記録の共有が積み重なることで、文化のレベルが上がっていきます。

たとえば西洋なら、聖書やシェイクスピアなどがベースとして共有されています。日本にも、かつてはベースとなる古典がありました。古くは『万葉集』や『古今《こきん》集』などの和歌集が、江戸時代になると『論語《ろんご》』や四書《ししょ》五経《ごきょう》といった漢籍が「みんなが知っている書」として共有されていきました。

しかし最近は、残念ながら「みんなが知っている古典」がなくなってしまったように思います。こうしたベースになるものを共有していないと、それぞれがまっさらな日本語力だけで勝負することになるので、センスを競うことはできても、文化が発展するために重要な「積み重なり」が失われることになってしまいます。

私は、『論語』の言葉をよく引用するのですが、最近では相手が『論語』を知らないため、共有してもらえないことが増えています。自分が言っただけで相手が共有できないと、知識をひけらかしただけで終わってしまうので、場の空気がしらけてしまいます。

それでも、相手がひけらかしと思ってくれるのはまだいいほうで、酷《ひど》いときは「何それ」と思われてしまうこともあります。

言葉が身体化して、それを共有して楽しむというのが文化です。『論語』は、江戸時代の寺子屋に通った子どもたちなら、一〇個どころか二〇も三〇も空で引用できたでしょう。たとえば、寺子屋の教科書として使われていた『金言童子教《きんげんどうじきょう》』には『論語』から引いた次のような言葉が載っています。

多く見て殆《あやう》きを闕《か》き、慎《つつし》みてその余りを行う
人の行ないをよく見て、正しいと思うことだけを慎重に行なう

別に『論語』でなくてもかまいません。「皆さん、いまパッと引用できそうなものが一〇個以上ある人」と聞かれたとき、自信を持って「ある」と答えられる人がどれだけいるでしょう。

そう考えると、現代日本人の引用力は、江戸時代の子どもたちほどもない、ということ

になります。この引用力の低さが、いまの日本文化における大きな課題だと思います。

なぜなら、日本の思想に限らず、思想というのは、こういう主張や感覚がありましたよね、ということを伝え、そうした共感のうえに持論を展開していくものだからです。つまり、思想というのは、そもそも引用から発展していくのです。

ですから、たとえば「これは宮澤賢治《みやざわけんじ》のこの詩を踏まえて言っているよね」というようなことが、狭いコミュニティではなく、国民全体が共有できる社会というのが、文化水準の高い社会なのです。

引用できる力というのは、詰め込みの知識とは異なります。詰め込んで覚えているだけの知識は、いわば「身体の外にある知識」です。そうではなく、その知識が身体の内側に入って感性にまで至らなければ、適切に引用することはできません。孔子《こうし》やイエス、ゲーテといった人たちの言葉をさっと引用できる人の中には、これらの偉人たちが入り込んでいるといっても過言ではありません。

寺子屋で行なわれてきた「素読《そどく》」という学習法は、何度も音読を繰り返すことで、言葉を自分の身体と一体化させる作業だったのです。

●言葉の共同作業——連歌《れんが》

和歌の世界に「連歌」というものがあります。

連歌とは、複数の作者で和歌の形式の歌を詠んでいくものです。最初の人が詠んだ和歌の上の句「五七五」に次の人が下の句「七七」をつけ、さらにまた次の人がそれを受けて「五七五」……というようにして、綿々と歌を詠んでいくのです。

一つの和歌を他の人と共同でつくっていくわけですから、当然、一人で和歌を詠むのとはまったく違った作業になります。

連歌の歴史は鎌倉時代と古く、江戸時代に発展した俳諧連歌も和歌の連歌から生まれています。

こうした日本のコミュニティ文学について述べた『座の文学―連衆心《れんじゅしん》と俳諧の成立』（尾形仂著／講談社学術文庫）という本では、日本独特の文芸である俳諧を生み出した座について、「文芸的な人間連帯である連衆心を営んだ場」だとしています。

今は、松尾芭蕉などに代表される俳句の印象が強いので、歌は個人が折々に詠《よ》むものだと思われていますが、実は俳句は俳諧から発句《ほっく》の部分だけを独立させたもので、もともと日本の詩歌は集団で楽しむものだったのです。

俳諧の場合は「付け句」というのですが、みんなで車座に座って、最初の人が詠んだ句に次の人が句をつけ、また次と連ねていき、座のみんなでそれを楽しみます。作者の境界線がなくなり、誰がつくったものだなどと言わない、著作権のない世界です。

たとえるなら、これは「レノン＝マッカートニー／Lennon-McCartney」みたいなものです。レノン＝マッカートニーというのは、ジョン・レノンとポール・マッカートニーが二人で一緒に作詞・作曲するときに使っていた名称です。実際にどちらが主体となって詩や曲をつくったかは関係なく、「レノン＝マッカートニー」がつくったというのです。ちなみに、ビートルズの楽曲の約八割がレノン＝マッカートニー名義の作品です。

連歌では相手の想念に沿わなければなりません。とはいえ、そこで相手に合わせてばかりだと展開がなくなってしまうので、沿いつつも少しずらすということが必要になります。

この、みんなで参加する文学というものは、日本では古くから行なわれてきたものなのですが、実はとんでもなく新しいあり方なのかもしれません。

コンピューターの世界では、あるソフトウェアのソースコード（核となるプログラム）を公開して、みんなで改善していくという「オープンソース」という考え方があります。かつては、いいソフトウェアをつくったら、それは自分たちの企業秘密にして儲けるというのが一般的でしたが、最近は公開してより良いものをつくることが望ましいと考えられるようになりました。

みんなが参加して良いものをつくる。このオープンな思想を、日本人ははるか昔から和歌で実践してきたのです。

そしてもう一つ、こうした参加型がおもしろいのは、誰もその展開をコントロールすることも予測することもできないということです。

私は以前、「回し作文」というのを学生にやってもらったことがあります。これは、複数の人間で、ひとつの作文を仕上げていくという試みです。たとえば四人いたとしたら四枚の紙を用意して、それぞれに小説の最初の一文を書いてもらいます。書く時間は一人三〇秒。三〇秒経ったら、次の人にその紙を渡します。そうして次々と、他の人が書いた文章の続きを書いていくのです。

四作品にそれぞれ一文ずつ書いているので、自分が書いたものが何度か回ってくるのですが、そのときには自分が想像したのとは筋が変わっています。「こんなつもりで書いたんじゃなかったんだけど」と思っても、とにかく三〇秒でその続きをつけていきます。

連歌や俳諧が盛んだった時代、多くの人がこうした共同文学を夜通しで楽しんだといいます。おそらく、その一時を人々は祝祭として過ごしていたのでしょう。私は、人々がそういうふうに座の文学を遊びとして楽しんでいたというのを、とても美しいと思うのです。

●感性は学ぶことで磨かれる

平安時代、男女の恋愛は和歌のやりとりから始まりました。

まだお互いに顔も見ないうちに和歌を贈るのです。和歌をもらった人は、やはり和歌で返事をしなければなりません。そうして、お互いにもらった和歌から、相手の教養や気品、情感の豊かさなどを推《お》し量《はか》るのです。相手に会うのは、何度も和歌のやりとりをして、ほぼ気持ちが決まってからでした。

これは、当時の異性選びの大事なポイントが、容姿ではなく教養だったということを意味しています。

和歌における教養というのは、感性を同じくするものを言語化する能力です。感性というと生まれ持ったものだと思われがちですが、実はそうではありません。和歌の感性は教養によって磨かれるものなのです。

いまでも洗練された感性という言い方がされますが、日本人は文化的土壌で耕され、洗練されていった感性をよしとしました。だからこそ、いろいろな文学を読み、和歌を学ぶことでものの感じ方を学んだのです。

つまり、和歌のやりとりは、相手の教養を推し量るとともに、自らの感性を共に磨き合える相手であるかどうかを判断するための方法だったのです。実際、『万葉集』などを読むと、夫婦になってからもお互いの気持ちを伝えるために和歌を贈り合っていたことがわかります。

「暗唱文化」によって、幼いころから深層に積もり積もった教養が、大人になってふっと出てくる引用力。それが日本の高い言語文化を支えてきたのです。

実は私が総合指導をしているNHKEテレ「にほんごであそぼ」という幼児番組で、日本語の名文、短歌や俳句など、あらゆる詩人のものを積極的に取り上げているのは、幼いときから降り積もるように優れた日本語に触れることが、自然と感性を豊かにするための最もよい方法だと思うからなのです。
名文や素晴らしい詩歌というのは、研《と》ぎ澄まされた感性の発露です。
平安末期の歌人・西行《さいぎょう》（一一一八〜一一九〇）に、次のような歌があります。

　春風の花を散らすと見る夢は　覚めても胸のさわぐなりけり

この「花＝桜」が胸のさわぎと結びつく感覚は、多くの日本人が今も共有しているものだと思います。その感覚はとても古く、西行の背景には、『百人一首《ひゃくにんいっしゅ》』に残る紀友則《きのとものり》（八四五？〜九〇七）の歌があります。

　ひさかたのひかりのどけき春の日に　しづ心なく花の散るらむ

穏やかな春の日に桜だけがせわしなく散っているという、ちょっと生き急ぐような感じが、これらの歌には共通しています。

こうした感覚は、今も卒業と桜を重ねることで歌の世界で共有されています。時代を変え、場所を変え、人が変わっても歌の世界で繰り返し表現される桜と心のざわつき感。だからこそ、春、桜、卒業……、そうした言葉を聞いただけで、「ああ……」と、胸に迫る感覚を日本人は共有しているのです。

何を美しいと思い、何を醜《みにく》いと思うか、そうした感性は生まれながらに身についているものではありません。言語に限らずすべての感性は、社会の中で他者と共有しながら身についたものです。

そういう意味では、和歌や古典、そして歌謡曲といろいろなかたちで感性の共有につながる暗唱文化は、もっと大事にされるべきものだと思います。

日本語の消化力

●身体を通して言葉を受け取る——東洋の伝統

最近は普通の読書はもちろん、詩歌なども黙読する人が多く、音の持つ感性を身体で味わう機会が少なくなってきています。

かつて日本では、先生が言ったことを復唱することが学習の基本でした。寺子屋では、師が「吾十有五《われじゅうゆうご》にして」と言ったら子どもたち（寺子）が「吾十有五にして」と復唱する。続けて師が「学に志す」と言うと、また子どもたちが「学に志す」と復唱する。

こうした学習方法は単に言葉を繰り返すだけのものではありません。先生がピシッと背筋を伸ばし孔子の言葉を述べる、これは孔子の精神の体現に他ならないからです。復唱する子どもたちは、先生の言葉だけを真似《まね》するわけではありません。同時に姿勢や発声も先生の真似をします。つまり、寺子屋で行なわれていた「音読の復唱」という学習方法は、孔子の精神性を身体性を通じて子どもたちに乗り移らせていたのです。

この教育方法には想像以上の高い学習効果があります。

杉本鉞子《すぎもとえつこ》さんの『武士の娘』(ちくま文庫)という著書の中に、次のようなエピソードがあります。

杉本さんの家には、『論語』を教えてくれる女性の先生が来ていました。ある日のことです。自分がちょっと姿勢を崩したら、先生は「今日はこれでやめにしましょう」と言って帰ってしまわれた。先生にそう言われて、彼女は非常に恥ずかしく、情けない思いになり、一人で部屋に戻って泣いたというのです。

なぜ先生は帰ってしまわれたのか、そしてなぜ彼女がそれを泣くほど恥じたのかおわかりでしょうか。

実は先生は、彼女が姿勢を崩したのを見て、学ぶ準備ができていないということだと判断したのです。そして、杉本さんもそれがわかったので自らを恥じたのです。

著者の杉本さんは一八七三年(明治六年)生まれ。旧越後長岡藩の家老の家に生まれたため、武士の娘として厳しい教育を受けていました。だからこそ、自分の何がいけなかったのか、すぐに悟ることができたのだと思います。さすが武士の娘です。

このように、かつての日本では、整った身体に言葉を通して精神を伝授するという、「身体と言葉と精神」の三つが一体化した教育が行なわれていました。

なぜ日本ではこのような教育方法が行なわれていたのでしょう。一つには、東洋の特性ということが言えると思います。東洋には「体を整えることによって精神を整える」という伝統が、インド、中国、日本と綿々と続いています。

西洋にも身体と精神を結びつける思想がないわけではないのですが、東洋ほど色濃いものはありません。むしろ西洋においては、知的に高度であるということと、姿勢を整えて礼儀正しくするということは直結していないと言えます。

古代ギリシャの哲学者プラトン（前四二七〜前三四七）の『饗宴《きょうえん》』などを読むと、当時のギリシャ人は、寝っ転がったり、酒を飲んだり、あるいはお風呂に入ったりと、自由にリラックスした状態で、非常に高度で知的な思考をし、議論をしていたことがわかります。

西洋では、最も大切なのは議論の内容に集中することなので、相手が頬杖《ほおづえ》をついていようが何をしていようが、姿勢で「君、それは自分に対して失礼じゃないか」と言う人はいないのです。しかし、礼節を重んじる東洋においては、姿勢を整えて臨むことが非常に重要なことなのです。これは、東洋と西洋の大きな違いと言えると思います。

●失われた漢詩の素養と日本語力

かつて、漢文の素養は教養を持つ男性にとって必須のものでした。男子は幼いときから背筋を伸ばし、漢文を凛々《りり》しく読むことで、男性的な精神を養っていったのです。

そうして精神を養った当時の男性は、普段から漢籍に親しみ、ことあるごとに自らの心情を漢詩に詠みました。西郷隆盛《さいごうたかもり》（一八二七〜一八七七）は儒学者・佐藤一斎《さとういっさい》（一七七二〜一八五九）の書を書き写し、自分自身でも「児孫《じそん》のために美田《びでん》を買わず」といった漢詩をつくっていますし、日露戦争のときも乃木希典《のぎまれすけ》（一八四九〜一九一二）が戦地で漢詩をつくっています。

感懐

幾歴辛酸志始堅
丈夫玉砕恥甎全
我家遺事人知否
不為児孫買美田

いくたびか辛酸を歴《へ》て　志始めて堅し
丈夫は玉砕するとも甎全《せんぜん》を恥ず
我が家の遺事　人知るや否や
児孫《じそん》の為に美田を買わず

（『西郷隆盛漢詩集』岩波書店）

爾霊山《にれいさん》

爾靈山嶮豈難攀
男子功名期克艱
鐵血覆山山形改
萬人齊仰爾靈山

爾霊山の険豈《あ》に攀《よ》ぢ難《がた》からんや
男子功名克艱《こっかん》を期す
鉄血《てっけつ》山を覆《おお》いて山形《さんけい》改まる
万人斉《ひと》しく仰ぐ爾霊山

この爾霊山とは、二〇三高地のことです。激戦の末、日本軍はこの高地を占領することに成功しますが、犠牲者も多く、その中には乃木の次男保典《やすすけ》もいました。この詩は、乃木が我が子を悼《いた》んでつくったものだといいます。

漢詩をつくることができるというのは、当時としては珍しいことではなく、むしろ知識階級の男性にとっては「素養」の一つでした。

そう考えると、私たちは今、その巨大な教養部分が全部抜け落ちたところで、日本語を話しているということになるのですから、夏目漱石や森鷗外《もりおうがい》（一八六二〜一九二二）といった明治の文豪たちが到達した日本語総合力に行き着くのは、なかなか難しいと言わざるを得ません。

現代は、平易でわかりやすい日本語のほうが好まれるので、そこまでの漢語力が必要とされていない時代なのかもしれません。確かに、漢語というのは下手すると硬く、難解な文章になるという欠点があります。

しかし、明治の日本人が素養として漢語力を身につけていたことによって、日本は東洋の精神を守りつつ西洋の思想を日本語に翻訳して取り入れることができたのです。

漢語が日本人の精神形成の柱になっていた時代があったということを認識し、日本人はもっと誇りとすべきだと思います。

●日本語のチャレンジ

日本語には長く、漢字は男性、仮名は女性という時代がありました。でも、最初からそれらをうまく組み合わせた文学作品があります。それは、紀貫之《きのつらゆき》（八六六?～九四五?）の『土佐日記《とさにっき》』です。

この作品は、「男もすなる日記といふものを女もしてみんとてするなり」という一文から始まります。つまり、「男性が書く日記というものを女性である私も書いてみようと思います」ということです。紀貫之はもちろん男性ですが、女性が書いているという設定なので、文字はかな文字が使われています。

こうすることによって、男性が書くと漢文調で硬くなりがちな日記が、やわらかく、自由な文体で書くことができたのです。しかも、女性が書いているという虚構の設定が加わることで、フィクションの要素が入った、日記としては初めての文学作品が生まれたのです。

明治時代に入ると、さらに言文一致、すなわち話し言葉と書き言葉を一致させようという動きが、二葉亭四迷《ふたばていしめい》（一八六四〜一九〇九）ら文学者を中心に起こります。こうしたチャレンジは詩の世界でも行なわれてきました。

そうしたものの一つの到達点が、たとえば、中原中也《なかはらちゅうや》（一九〇七〜一九三七）の詩なのではないかと思います。

幾時代かがありまして
　茶色い戦争がありました

幾時代かがありまして
　冬は疾風吹きました

幾時代かがありまして
　今夜此処《ここ》での一《ひ》と殷盛《さか》り
　　今夜此処での一と殷盛り

サーカス小屋は高い梁《はり》
　そこに一つのブランコだ
見えるともないブランコだ

頭倒《さか》さに手を垂れて
　汚れ木綿の屋根のもと
ゆあーん　ゆよーん　ゆやゆよん

（『サーカス』より）

漢詩や文語詩は定型がありましたから、ある意味でその型に収めることで詩にすることができます。しかし口語自由詩となると、自由であるがゆえに何が詩なのかを考える必要があります。

「ゆあーん　ゆよーん　ゆやゆよん」という言葉は、ふつうに考えたら単なる擬音です。これを詩だとして取り出したのが中原中也のすごさであり、彼によって日本語の可能性が拡げられたと言うことができます。

そして今、まさに変革期を迎えているのが和歌の世界です。

長い間、それこそ額田王《ぬかたのおおきみ》（生没年不詳、飛鳥時代の皇族、歌人）の時代から守られてきた和歌の形式が近年になって破られ、和歌の口語化と言えるような実験的な作風のものがつくられています。

たとえば、一九八七年に出版された『サラダ記念日』（河出書房）で一躍有名になった歌人・俵万智《たわらまち》さんなどは、そうしたチャレンジャーの代表です。

「この味がいいね」と君が言ったから七月六日はサラダ記念日

ポップスの世界だったら、ごく普通の言葉遣いですが、これが五七五七七という和歌の型にはまっているということが、とても新しい感じがしました。

しかし、口語を使うとどうしても散文的な印象になってしまうことも否めません。やはり、「〜や」とか、「〜かな」といった切れ字を使ったり、古い言葉を使ったもののほうが和歌らしく感じます。そういう意味では、和歌の口語化はまだまだチャレンジの途中なのでしょう。実際、俵万智さんの登場以後、現代短歌の世界では、こうした口語を使った和歌づくりや定型にしばられない自由律に多くの歌人がチャレンジしています。

いま和歌の世界は、まさに変革期に来ていると言えます。この和歌の革新的な変化は、日本語のチャレンジとしてもっと注目されるべきだと私は思います。

●省略も造語も自由な日本語

日本人は、言葉を短く略して使うということをよくします。

たとえばコミュニケーション力《りょく》を「コミュ力」と言ったり、「リアル」と「充実」という二つの言葉をつなげて「リア充」と略したり。私の勤める明治大学には情報コミュニケーション学部という学部がありますが、長いので「情報コミュニケーション学部」と言う人は学内にはいません。みんな「情コミ」と略します。

どこの国でも言語の効率性ということを考えるので、長い名称のものを略称を用いて表わします。たとえば、アメリカの中央情報局の正式名称は「Central Intelligence Agency」ですが、ほとんどの場合、略称の「ＣＩＡ」が使われます。

英語の場合、こうした略称は、正式名称の頭文字を用いるというのがセオリーです。

これに対し日本語の略語は、多くの場合、最初の二文字が取られます。

情報コミュニケーションは「情コミ」、ミスターチルドレンは「ミスチル」、あけましておめでとうは「あけおめ」というように、頭の二文字、二文字を取るのです。これは、日本語ではリズム的に二文字が心地よいからなのでしょう。

特に最近は、ネット上でそうした文章が氾濫《はんらん》しています。でもそこには、長いものを単に短くするという効率化だけではない側面、つまりわかる人にだけわかればいいという、暗号化の意図が働いているように思います。

さらに、日本語における略語で特徴的なのが、普段の会話で使っている言葉をどんどん短くしてしまうということです。海外では、長い団体名称を略したり、未確認飛行物体(Unidentified Flying Object)を「UFO」、未確認動物(Unidentified Mysterious Animal)を「UMA」というように、長い用語を略すことはあるのですが、会話に使う単語自体をどんどん略すという傾向は、日本語のほうが激しいように思います。

たとえば先ほど例に出した「リア充」は、「リアルな生活が充実している」または「リアルな生活において充実している人」ということですから、文章の名詞化に近いとさえ言えます。

他にも「鉄道ファン」をジャンル毎《ごと》に「○○鉄」と略すのも日本語を生かした略し方です。写真を撮るのが好きな鉄道ファンは「撮り鉄」、電車に乗るのが好きな鉄道ファンは「乗り鉄」、駅弁愛好家の鉄道ファンは「食べ鉄」といいます。このような型が一度できてしまうと、あとはもう「鉄」が入ったら、上に何をつけても成立するということになっていきます。

こうしたことが抵抗なく行なわれるのは、おそらく日本語が外国の言葉を取り入れたり、新しい言葉を創ることに慣れているからだと思います。

日本語は漢字を輸入したときに大量の中国語（漢語）を取り入れ、明治時代には、英語を取り入れる際に、漢字の熟語を自由につくって訳語としました。今、私たちが当たり前に使っている「社会」とか「法律」「議会」「哲学」「自由」といった言葉も、明治時代に日本人がつくった言葉です。

明治時代の人は漢籍の素養があったので、新たな熟語をつくって外国語の翻訳語として導入しましたが、戦後は外国語をそのままカタカナ表記することで大量の外国語を取り入れました。

もちろん英語にフランス語の単語が入っているなど、欧米の言語でも同じようなことは起きるのですが、日本語の場合はその頻度が高いように感じます。

●外国の言葉を取り入れる日本語の消化力

次の引用を読んでみてください。

ジュリ（引用注・ジュリエット）お、、ロミオ、ロミオ！ 何故卿《おまへ》はロミオぢゃ！ 父御《てゝご》をも、自身の名をも棄てゝしまや。それが否《いや》ならば、せめても予《わし》の戀人《こひびと》ぢゃと誓言《せいごん》して下され。すれば、予《わし》や最早《もう》カピューレットではない。

ロミオ（傍を向きて）もっと聞かうか？ すぐ物を言はうか？

ジュリ　名前だけが予の敵ぢゃ。モンタギューでなうても立派な卿。モンタギューが何ぢゃ！ 手でも、足でも、腕《かひな》でも、面《かほ》でも無い、人の身に附いた物ではない。お、、何か他の名前にしや。名が何ぢゃ？ 薔薇《ばら》の花は、他の名で呼んでも、同じやうに善い香がする。ロミオとても其通り、ロミオでなうても、名は棄てゝも、其《その》持前のいみじい、貴い徳は殘らう。……ロミオどの、おのが有《もの》でもない名を棄てゝ、其代《そのかは》りに、予の身をも、心をも取って下され。

（坪内逍遥訳『ロミオとヂュリエット』）

古い日本語が使われているので、時代劇のようで、今読むとちょっと違和感があると思いますが、これは、明治時代に坪内逍遥《つぼうちしょうよう》（一八五九〜一九三五）が翻訳した『ロミオとジュリエット』（シェイクスピア作）の一節です。

この時代の作家は、坪内逍遥に限らず、大量の外来語と出会う中で、それらを何とか取り入れようと苦労しています。統一された基準などないので、みんなそれぞれ自己流で当て字や振り仮名を駆使して処置しています。

今は当て字というとデタラメな印象がありますが、明治の文豪が行なっていた当て字は、決してデタラメでも間違いでもありません。

たとえば、夏目漱石は当て字を多用していますが、漢学の素養があった彼にとってそれは、言葉のニュアンスを伝える一つの手法だったと言えます。そのため、同じ言葉に対する当て字であっても、場面によって使い分けるなど、自由自在に使っています。

漱石の『坊っちゃん』自筆原稿がそのままの形で出版されています。『直筆で読む「坊っちゃん」』（集英社新書）を見るとその当て字っぷりのすごさがよくわかります。「何でも蚊《か》んでも」「焼持《やきもち》」「食ひ心棒《しんぼう》」といった具合です。いまだったら編集からいっぱい赤が入りそうですが、その時代の作家のタフさ加減というか、「なければつくればいい」「好きに当てればいい」と言わんばかりの自由さには大きなエネルギーを感じます。

当時は日本語の口語表記にも、一般的なルールが確定していない時代ですから、むしろ自分たちがやっていることがやがて日本語のルールになるだろう、というぐらいの気持ちで、おもしろがって書いていたのかもしれません。

見ようによっては節操なく何でも受け入れているように見えますが、それもまた日本の風土なのだと思います。古代においては、中国から文字も宗教も何でも取り入れ、明治になると英語を取り入れ、急に髷《まげ》を切り落として洋服を着る。戦後は食卓が一気に西洋化し、椅子とテーブルの生活が主流になる。

ただし、それらを節操なく、ただ受け入れたわけではありません。そこにはある種の合理性がありました。一度は受け入れているのですが、その中で日本人が「これはいい」と思ったものだけが定着しているのです。その過程で、取捨選択がなされているということです。そして、その際には、かならずといっていいほど「日本化」されているというのも特徴です。

こうした新しい言葉をつくっていく自在さとか気楽さ、あるいは節操のなさといったものは、日本人に貪欲《どんよく》な消化機能があったからこそできたのだと言えます。

中国の言葉も、西欧の言葉も、これだけ大量に食べているのにまったく腹を壊さなかったのですからすごいものです。日本人は、胃腸は弱いのに、言語の消化力は世界でも有数の強さを持っているのです。

●日本は本来、雑種文化

日本のナショナリズムというのは、実はかなりアバウトなものなのではないかと、私は思っています。

神道は日本固有の宗教だとされていますが、実際には神道にそれほどすごい伝統があるわけではありません。日本の伝統文化といわれるものも、深く掘り下げていくと、外国の文化をかなり取り入れながらアレンジしてきたものであることがわかります。

そういう意味で、日本はナショナリズムの核というものが実はあまりはっきりしていないのです。万世一系の皇室に、単一民族と、純粋さを称揚する主張がありましたが、実は文化同様、民族も単一で純粋なものではありません。

このように言うと、日本人は民族的には雑種ではないでしょうと言う人がいるのですが、『日本人は何処から来たか』（松本秀雄著、NHKブックス）など人類史を研究した本を見ると、日本人の遺伝子というのは世界的に見てもとても多様で、少なくとも単一民族と言えるものではないそうです。

日本はアジアの中でも極東に位置しています。つまり、民族的にも、文化的にも「吹き溜まり」になりやすい場所に位置しているのです。そんな日本の文化を評論家の加藤《かとう》周《しゅう》一《いち》氏は「雑種文化」と評しました。

日本の文化の特徴は、その二つの要素が深いところで絡んでいて、どちらも抜き難いということそのこと自体にあるのではないかと考えはじめたということである。つまり、英仏の文化を純粋種の文化の典型であるとすれば、日本の文化は雑種の文化の典型ではないかということだ。私はこの場合雑種ということばによい意味もわるい意味もあたえない。純粋種に対しても同じことである。

（『雑種文化』講談社文庫）

ここで加藤氏が言っている「二つの要素」とは、伝統的な古い日本と、日本の深いところに入りこんでいる西洋化のことですが、実際にはこの他にも中国や朝鮮半島の文化、南方の文化、その他さまざまな文化を日本は貪欲に取り込んでいます。

ですから言葉についても、あまり「純粋な日本語」ということを考えすぎると、かえって本質を見失うということになりかねません。さまざまなものが混ざり合った結果が、今の日本語なのです。

●日本人の思想に「原則」はない

ところで、日本人はなぜこれほど憲法第九条を愛するのでしょう。

実はこれ、言霊信仰と関係しているのです。

現実問題として、九条がすでに解釈によって幅を広げられていることは、多くの人が感じていることだと思います。九条を厳密に解釈すれば、自衛隊の存在すら危ぶまれるからです。しかし、実際には自衛隊がいなければ困ることがたくさんあります。つまり、自衛隊は必要なのでその存在を否定することはできないけれど、九条はどうしても守りたいというのが日本人のスタンスなのです。

九条を含む現在の日本国憲法は、日本人が自分たちだけでつくったものではありません。どちらかというと占領軍（ＧＨＱ）が自らの意向に沿ってつくった草案を日本人が受け入れる形で成立したものです。もちろんやりとりはありましたが、そのような性格の憲法を、日本人はなぜこんなにも大事にするのでしょう。

一つには日本人が公正さや清らかさ、正義感というものを好むということがあります。日本人にとって清らかな状態というのは、国で言えば戦争がない状態なので、この清らかさを保つためにも自分たちは戦争を放棄し、武力を持ちませんと宣言することで、清々《すがすが》しい気持ちでいられるということがあります。

もちろんその背景には、かつての軍国主義にうんざりしたということがあるのですが、そうしたことを経験した国は他にもたくさんあります。けれども日本のように戦争放棄、武力放棄を憲法で規定した国はほとんどありません。

そこにあるのは、やはり言霊信仰だと思います。

言霊信仰の基本は「言ったことが現実になる」ということです。つまり、戦争放棄と言っている限りは戦争が起きることはないが、戦争放棄と言うのを止めてしまったら、戦争が起きると考えるのです。だから、現実とは多少齟齬《そご》があっても、憲法上は九条を死守することが重要なのです。

もちろん、論理的には九条があるからといって、日本が戦争にならない完全な保証はありません。憲法の前文に「近隣の諸国もそのように考えることを期待する」といった内容がありますが、期待しても無駄だというのが世界史の常識です。でも、そうした現実に対してはI目をつぶるのです。

では、九条には信仰的役割しかないのかというと、そうとも限りません。

現実と文言にズレはあったとしても、憲法九条という厳しい理想を掲げることで、権力者がなし崩し的に軍国主義化していくことに歯止めをかける効果があるからです。

日本は戦後七〇年間、この九条の存在によってバランスを取ってきたのだと思うと、これはこれで効果的なやり方なのかもしれないと思います。憲法を現実に合わせるというよりは、非現実的な憲法だけれども、それはブレーキ役として存在させ、現実は現実として対処していくという方法です。

現在の憲法改正論は、このズレをある意味正そうとしているわけですが、日本人というのは、そのズレに耐えられる民族なので、「本音と建前」が機能し、戦争の可能性を排除できるのであれば、このやり方でもいいような気もします。

大きな良識で捉えたとき、戦後七〇年間ずっと平和が続いている国というのは、世界的に見てもすごいことだと言えます。

対外戦争もなければ、内戦もない。日本人は内戦がないことを当たり前だと思っていますが、内戦で自国民同士が戦っている国は世界中にたくさんあります。

現在の日本国憲法は、確かにアメリカ主導でつくられた憲法かもしれません。しかし、憲法は西洋の文化的達成の極みです。西洋が憲法をここまでの水準に持ってくるのには、権力側と民衆側の激しい闘いや階級闘争などさまざまな試練を経ています。そうして彼らが苦労してつくり上げたものを、日本は戦後、幸運にもプレゼントされたとも言えるのです。

理想主義の言霊信仰には抑止力があり、現実主義のもと生まれた自衛隊には現実に対処する力がある。その双方の間にある矛盾を、あたかもないものとして包み込んでしまう究極のバランス感覚を日本人は持っています。ならば、このまま矛盾を抱えたままでも、現実さえうまく回っていくならいい。こう捉えるのも日本的ではあります。

こうした矛盾をも包み込んでしまう日本人のバランス感覚は、他言語や他文化を片っ端から飲み込んで自分のものにしてきた日本文化の強靱《きょうじん》な消化力の賜《たまもの》です。

かつて聖徳太子《しょうとくたいし》は十七条憲法で「和を以て貴しとなす」と言いましたが、和を以てどころか、日本人は矛盾や曖昧さをそのまま貴しとして、バランスをとりながら生きていくことができる民族なのかもしれません。

［第2章］

宗教と日本人

日本人の宗教観はどう育《はぐく》まれたか

●仏教は神を否定した宗教

世界から見たとき、日本は宗教的に何に分類されているのかというと、「神道」ではなく「仏教」です。

仏教には大きく分けて、上座部《じょうざぶ》仏教と大乗《だいじょう》仏教の二つがあります。

上座部仏教とは、ブッダ（ゴータマ・ジッダールタ／お釈迦《しゃか》様）が説いた原始仏教に近い形の教えを受け継いだもので、個人の悟りを目指します。現在は主に東南アジアで信仰されています。

これに対し大乗仏教は、多くの人の救済を目指します。ちなみに「乗」とは「乗り物」のことで、「大乗」には大きな乗り物で一度に多くの人を悟りに導く、という意味が込められています。かつて上座部仏教は大乗に対し「小乗仏教《しょうじょう》」とも言われましたが、現在は蔑称《べっしょう》に当たるとしてこの名称は用いられていません。

日本の仏教は、いろいろな宗派がありますが、基本的に中国から伝わった「大乗仏教」です。そのため多くの人が救われる形の宗派が広まりました。念仏を唱えれば、厳しい戒律を守らなくてもよい、とされれば、多くの凡夫は救われます。

仏教の基本は「この世は苦しみに満ちている。その苦しみは生きている限り逃れることはできない。だから悟りを開いて解脱《げだつ》しよう」というものです。

仏教ではこの世の苦しみを「四苦八苦《しくはっく》」という言葉で総称します。「四苦」とは「生（この世に生まれること）」「老（老いること）」「病（病気になること）」「死（死ぬこと）」という肉体に関わる四つの苦しみ、「八苦」とは四苦に、次の四つの心の苦しみを加えたものです。

愛別離苦《あいべつりく》――愛する者といつかは別れなければならない苦しみ
怨憎会苦《おんぞうえく》――怨み憎んでいる者に会わなければならない苦しみ
求不得苦《ぐふとくく》――求めるものが得られない苦しみ

五蘊盛苦《ごうんじょうく》――生きている限り苦しみが湧いてくる苦しみ

この世は逃れられない苦しみに満ちている。そう洞察したうえで、ブッダはこうした苦しみから逃れるには、煩悩《ぼんのう》の元である「欲」や「執着」をなくすことが苦しみをなくすこと、つまり「救い」につながる、と説きました。

たとえば、美人を見ても反応しないようにすれば、女性関係のトラブルは起きなくなります。実際ブッダは、美人を紹介されてこの女生と結婚しなさいと言われたとき、「これはただの糞尿の塊《かたまり》にすぎない」と言って美女を退《しりぞ》けたと言われています。

女性にしてみればとてつもなく失礼な発言ですが、美人というものも所詮《しょせん》はその人の思い込みにすぎないとブッダは言っているのです。

人間の美醜に確固たる基準はありません。たとえば、外国の人たちにとっての美人と、日本人にとっての美人は違いますし、同じ日本人でも平安時代の美人と今の美人ではだいぶ趣《おもむき》が違います。それどころか、同時代の同じ日本人でも、美人の基準は個々人で違います。つまり、この世には確固たる美人も、永遠の美人も存在しないのです。

これはなにも美人に限ったことではありません。この世の中のすべてのものは、確固たる価値を持たない移り変わるものなのです。ブッダはこれを「諸行無常《しょぎょうむじょう》」と言いました。

この世のすべてが移り変わるということは、すべては実体を持たない幻想であるということです。煩悩を断ち切るには、欲望を掻《か》き立てているものが、実は幻想や空想にすぎないことを知り、それらを排除するしかありません。

こうしたブッダの教えは、実は宗教としてはとても画期的なものでした。

なぜなら、幻想をすべて排除するということは、神をも排除することになるからです。

ドイツの哲学者・フリードリヒ・ニーチェ（一八四四〜一九〇〇）は、著書『ツァラトゥストラはかく語りき』の冒頭で「神は死んだ」と主人公に言わせて西洋に衝撃を与えましたが、ブッダはニーチェよりはるか前に、「そんなものはいない」と言っていたのです。

この世のすべてを幻想と言い切り、神の存在をも否定したブッダは、「私（ブッダ）のことも拠《よ》り所《どころ》にしてはいけない」と弟子たちに言っています。

では、人は何を拠り所にして生きればいいのでしょうか。

ブッダはこの問いに、次のような言葉で答えています。


あらゆる生きものに対して暴力を加えることなく、あらゆる生きもののいずれをも悩ますことなく、また子を欲するなかれ。況《いわ》んや朋友をや。犀《さい》の角のようにただ独り歩め。

（中村元選集［決定版］第15巻『スッタニパータ』より）

「犀の角のようにただ独り歩め」というのは、自分自身を拠り所にせよということです。

●仏教の中心となる教え「諸行無常」

私たち日本人の多くは仏教徒ですが、仏教の中心概念である「空《くう》」について理解できているかというと、かなり怪しいと言わざるを得ません。

「空」の概念は、インドの僧・ナーガールジュナ（龍樹《りゅうじゅ》／二世紀頃、生没年不詳）が『中《ちゅう》論《ろん》』という書で完成させたものです。

世界的仏教学者である中村元《なかむらはじめ》（一九一二〜一九九九）先生が『龍樹』（講談社学術文庫）の中に『中論』の翻訳を書いておられますが、それはほんの数十ページほどの短いものです。しかし、その内容は、解説がなければ理解できない、非常に難解なものです。

先ほども言いましたが、ブッダの教えの中心となるのは、すべてのものは移り変わっていくという「諸行無常」です。物事は人の主観によって見え方が変わるものであり、何事も「絶対」というものはない。これは、宗教とは一見無縁な科学の世界でも同じことです。

昔は物質の最小単位は原子だと考えられていました。ところが、原子の中に電子と中性子というさらに小さなものがあることがわかり、さらにその後クォーク（素粒子）が最小単位とされるようになり、最近でもヒッグス粒子など新しい素粒子が見つかっています。現在、素粒子こそ物質の最小単位だとされていますが、将来さらに小さな単位が見つからないとも限りません。

科学は一歩一歩進んではいますが、科学の法則とか概念といわれているものを掘り下げていくと、新たな発見があり、これまで信じられていた法則や概念が覆《くつがえ》るということはよくあることです。

このように、すべては「諸行無常」なのだから、神がこの世界をつくったとか、宇宙の根源は……、といったどうせはっきりしないことを議論してもしかたがないではないか、というのがブッダのスタンスです。

ブッダが現われる以前から、インドにはウパニシャッドと呼ばれる宇宙の解明を目指す哲学がありました。そこでは、この世界は宇宙の統一原理であるブラフマンそのものであり、個人であるアートマン（我）がどのようにしてブラフマンと一体化するかということが課題として論じられています。

これも幻想といえば幻想なのですが、ブラフマンというものを設定したくなる気持ちはわかります。この世界を理解しようとするとき、どこかにこの世界を全部つくった存在がいて、そこにはすべてを統一している原理があるはずだ、と考えたくなるからです。

実際、これとは別のアプローチですが、物理学者もまた、この世界の統一原理を見つけようとしています。どこかにすべてを統一している原理があるはずだと考えている点では、ウパニシャッド哲学も最先端の物理学も同じだということです。

二十世紀最高の頭脳を持つと謳《うた》われた物理学者アルベルト・アインシュタイン（一八七九～一九五五）は、特殊相対性理論の帰結として質量とエネルギーが等価であるとする「$E = mc^2$」という公式を見いだしましたが、「$E = mc^2$」がウパニシャッドにおけるブラフマンに相当するのかといえば、イコールではないにしても、ちょっと似ているかもしれません。

そう考えると、古代インド人の発想力、理論化する体系力というのはすごいものです。

でも、ブッダはそのものすごい思考における命題そのものを、「そんなことは考えてもしかたがない」と、ばっさり切り捨てているのです。

ブッダが求めたのは、宇宙原理の解明ではなく、どうすれば人は悩みから解放されるのかという問いの答えです。

ブッダが最初に考えたのは、私たち人間にはどんな苦しみがあるのかということでした。ここで四苦八苦という苦しみを見いだしたブッダは、次になぜ苦しみがなくならないのかを考えました。そして、人が苦しむのは煩悩《ぼんのう》があるからで、煩悩の元は欲望であることを解明します。「欲」がそもそもの原因だとわかれば、一切の欲をなくせば人は苦しみから解放されることになります。

そしてついにブッダは、その欲をなくす方法にもたどり着きます。

それが、この世の一切は幻想にすぎない、つまり「諸行無常」だと悟ることなのです。

●理解されなかったブッダの教え

神を否定したブッダは、弟子たちが自分を神格化することを望みませんでした。

中村元先生が訳した『ブッダ最後の旅』（岩波文庫）には、ブッダが臨終に際し「私が死んだら遺骨にはかかずらうな」と言ったとあります。

しかし、弟子のアーナンダは、ブッダの死後、お葬式をして、その遺骨をみんなで分け合ってしまいました。この分け合ったブッダの遺骨がいわゆる「仏舎利《ぶっしゃり》」です。アーナンダは、ブッダの十大弟子の中でも、最もブッダの教えを受けた弟子と言われている人物です。そのアーナンダですら、ブッダの遺言を守らなかったのです。おかげで世界には無数と言ってもいいほどの仏舎利が存在しています。

いま、私たちは仏教というとお葬式のための宗教というイメージを持っていますが、そもそも遺骨にかかずらうなと言ったぐらいですから、ブッダの教えとお葬式にはほとんど関係はありません。それが仏教と言えばお葬式、ということになってしまったそもそもの発端は、このアーナンダによる遺言無視にあったのかもしれません。

すべての宗教と同じく、ブッダの死後、仏教は変容していきます。

ブッダは個人として修行し、悟りを開き、その悟りの境地を請われて人々に説きました。そして、亡くなったのですから、本来ならそこで終わるはずでした。

ところが、彼を慕った人たちが、彼の死を惜しみ、その存在を尊ぶあまり、教えを遺すだけでなく、遺骨を祀《まつ》るために、各地で仏塔を建てました。

続いて、原始仏教では偶像崇拝として禁じられていたブッダの像が、西方文化の影響のもとつくられるようになります。いわゆる「仏像」の誕生です。

一度仏像がつくられてしまうと、その流れはもう止まりません。さまざまな姿の仏像がつくられ、次第に仏像そのものがありがたいものとして信仰の対象になっていきます。そうして行き着いたのが、奈良の大仏に代表される巨大な国家鎮護《ちんご》の仏像の建立《こんりゅう》です。

でも、考えてもみてください、そもそもブッダは神ではありません。彼は個人として悟りを開き、その道を人々に示したにすぎません。もちろん、精神的に成熟した稀有《けう》な人だと思いますが、もし、ブッダが奈良の大仏を見たら、どう思うでしょう。そもそも仏教は国を守るための教えではないのですから、びっくりすると思います。

仏教は本来、生きている間の苦しみを断つことを目的とした教えです。

ブッダが生前説いたのは、「八正道《はっしょうどう》」と言われるものです。

【八正道】
正見《しょうけん》――仏教の真理を正しく知ること
正思惟《しょうしゆい》――心の行ないを正しくすること
正語《しょうご》――正しい言葉を語ること
正業《しょうごう》――身体の行ないを正しくすること
正命《しょうみょう》――正しい生活を送ること
正精進《しょうしょうじん》――正しい努力をすること
正念《しょうねん》――正見という目的を常に心に留めて忘れないこと
正定《しょうじょう》――正しい禅定《ぜんじょう》の宗教生活を送ること
（参考『新版 仏教学事典』法蔵館）

ブッダが説いた八正道は、その死後、大きく二つの道に分かれていきます。一つは教義の理解を通して悟りに至る道、もう一つは体験を通して悟る道です。

教義の理解を通して悟りに至る道は、正見が説く真理を正しく知ることに重きを置いた方法と言えます。

仏教の真理は諸行無常です。この世の苦しみをなくすには、苦しみの元は何かということをまず理解しなければなりません。苦しみの原因をたどっていくと煩悩に行き着きます。煩悩の元は欲であり、欲が出るのは幻想を実体だと思い込んでいるからです。だからこそ、この世のすべてが無常であることを正しく理解することが、悟りに至る道になるというわけです。

もう一方の体験を通して悟りに至る道というのは、正定が説く正しい禅定《ぜんじょう》に重きを置いた方法です。禅定とは、いまの言葉でいえば瞑想のことです。

ブッダは、三五歳のとき、菩提樹《ぼだいじゅ》の木の下で禅定している際にすべてを悟りました。体験が悟りに導いたことから、上座部仏教では禅定が今も重視されています。

日本に伝わった仏教は上座部仏教ではありませんが、禅定によって悟りに至る教えは、禅宗という形で入ってきています。

禅では体験を重んじ、お経はあまり重要視しません。場合によっては、お経などいらないというような極端なことを言う場合もあります。では、なぜ禅定だけで悟れるのかというと、すべての人はみな生まれながらに「仏性《ぶっしょう》（仏としての性質）」を持った存在だと考えるからです。仏性があるのだから、学ばなくても気づきさえすればいい、だから気づきのための行為である「禅」の他には何も必要ない、というのが禅宗の考えです。

ここで一つ知っておいていただきたいのは、仏教というのは、実は苦しんでいる人にのみ必要な宗教だということです。

ブッダは自分が苦しかったので悟りを求め、悟った後は、かつての自分と同じように苦しんでいる人たちに道を説きました。ですから、この世の中が楽しくて幸せな人というのは仏門に入る必要はないのです。

仏教は本来、世の中の人すべてを救うことを目指したものではありませんでした。あくまでも苦しんでいる人に処方する薬のようなものなのです。そういう意味では、すべての人への布教を目指す押しつけがましい強い宗教ではありません。常に門は開かれているけれど、苦しんでいて、悟りを求める人だけが来ればいい、というものなのです。

実際、ブッダが八正道を説いた相手は、悟りを目指す「サンガ（出家僧）」たちでした。サンガの生活というのは、すべての欲を断ち切るわけですから、女性とつきあわないし結婚もしません。それどころか、家族との縁も断ち切った出家生活です。彼らは普通の意味での労働もしません。食べ物は有志の喜捨《きしゃ》に支えられたものです。そんな生活ですから、みんながみんな悟りを目指してサンガになったら間違いなく国は滅びます。

つまり仏教は、みんなが信仰したら、鎮護国家どころか国を滅ぼしかねない危険な宗教なのです。

●どんどんイメージを広げていった日本仏教

日本に伝来した大乗仏教というのは、実はとても便利なもので、解釈次第でいくらでもアレンジが利くのです。そのことを示すのが、大乗仏教の有する膨大な量のお経です。

ブッダ本人が語った言葉というのは、ある程度限られています。岩波文庫から『ブッダのことば』、『ブッダ真理のことば　感興のことば』、『ブッダ最後の旅―大パリニッバーナ経』（いずれも中村元訳）などが出ていますが、このあたりはブッダの死後でもわりと初期の頃にまとめられたものなので本人の言葉かそれに近いものだと考えられます。

実は、私たちがよく耳にする「般若心経《はんにゃしんぎょう》（正式には般若波羅蜜多《はらみった》心経）」や「法華経《ほけきょう》」などは、ブッダの死後、それもかなり時間が経ってから成立したお経です。そうすると、正直なところブッダが本当に言ったことなのかどうかわからないのです。

般若心経は日本でとても人気の高いお経ですが、最近は「ハート・スートラ／Heart Sutra」という名称で欧米にも広まっています。ハート・スートラは般若心経の英語訳なので、日本人が読んでもおもしろいでしょう。というのも、私たちはよく般若心経を耳にしていますが、サンスクリット語を漢訳したものをそのまま読んでいるので、その意味はよくわかっていないからです。ハート・スートラは英語訳なので、ある意味超訳ではあるもののその内容がより具体的にわかります。

たとえば次のような訳を見てみましょう。

this Body itself is Emptiness
and Emptiness itself is this Body.
This Body is not other than Emptiness
and Emptiness is not other than this Body.
The same is true of Feelings,
Perceptions, Mental Formations,

and Consciousness.

（ティク・ナット・ハンによる訳／http://plumvillage.orgより）

これは有名な「色不異空、空不異色、色即是空、空即是色。受想行識亦復如是」という部分を英訳したものです。「色《しき》」というのは存在とか実体とかいった意味ですが、それをbodyと訳しています。

日本でも欧米でも、なぜこれほど般若心経は人気があるのかというと、それがブッダの言葉のエッセンスを凝縮したものだからです。

でも、これは死後だいぶ経ってからまとめられたものであるうえ、あくまでもエッセンスなので、ブッダが本当に語った言葉とは言えません。

般若心経がブッダの言葉を凝縮したものだとすれば、もう一つの人気のお経、法華経は、ブッダの言葉からイメージを膨らませたものだと言えます。壮大できらびやかな世界、それを賛辞したものが法華経です。

他にも浄土三部経（『仏説無量寿経』『仏説観無量寿経』『仏説阿弥陀経』）は、極楽浄土の世界を記したものです。ちなみに、私たちは仏教の説く死後の世界である極楽と地獄のイメージをかなりはっきりと持っていますが、そのイメージのもととなったのがこの浄土三部経を中心に源信《げんしん》(九四二〜一〇一七)という天台宗の僧が平安中期に書いた『往生要集《おうじょうようしゅう》』という本なのです。

でも実は、ブッダ自身は浄土とか地獄について多くを述べてはいないのです。そもそも死んだら阿弥陀様のお導きで極楽に行って……、という浄土信仰は大乗仏教の思想で、ブッダ自身は「念仏したら極楽に行けますよ」とは一言も言っていません。

ところが、修行は大変だし、自力では悟りなんて開けないという人たちのために、「実は自分で頑張らなくても、阿弥陀様におすがりすれば、死後極楽浄土に生まれ変われます。そこで阿弥陀様が手取り足取り悟りに導いてくれますから、まずは極楽往生を目指しましょう」という思想が生まれたのです。

この思想は一般にも理解しやすいものだったこともあり、あっという間に広まりました。その結果、「仏様におすがりすれば」と言うけれど、具体的にはどうやったら極楽に行けるの？　ということになり、「南無阿弥陀仏」と念仏を唱えればいいという浄土経が生まれたのです。

その一方で、座禅を組んで悟りを目指す禅宗も根強い人気がありました。座禅というのはそもそも全部の幻想を排する「莫妄想《まくもうぞう》」の境地を目指すので、極楽浄土はおろか、仏のことすら思ってはいけません。一切の妄想を排し、今この時を生きろというのが禅宗の教えです。

座禅自体は気持ちいいのですが、やはり修行なので戒律は厳しく、一般の人たちが普通の生活をしながらすることは困難でした。そのため一般の人たちには、ちょっと念仏するだけで極楽浄土に行けると説く念仏宗が高い人気を集めました。

特に法然上人《ほうねんしょうにん》（一一三三～一二一二）が南無阿弥陀仏と唱えるだけでいいという浄土宗を開き、親鸞《しんらん》（一一七三～一二六二）がその教えをより簡素でわかりやすくした浄土真宗を開くと、念仏宗は爆発的な広まりを見せます。

戦国時代、織田信長《おだのぶなが》（一五三四～一五八二）が当時強大な力を持っていた比叡山《ひえいざん》を焼き討ちしたのは有名ですが、同時に信長をある意味、比叡山以上に苦しめたのが、当時「一向宗《いっこうしゅう》」と呼ばれた浄土真宗でした。

やはり日本人の心根としては、苦しいときにあまり厳しい修行というのはちょっとつらいので、できるだけ簡単に極楽浄土に行きたいというのが正直な気持ちだったのでしょう。

●密教と加持祈祷《かじきとう》

日本人は、仏教に死後の救いだけでなく、生きている間の幸せ、つまり現世利益《げんぜりやく》も求めました。いや、むしろ日本人が仏教に求めたのは、現世利益のほうが多かったというのが実状に近いと思います。

この仏に現世利益をお願いするシステムを「加持祈禱」といいます。

加持祈禱は平安時代にものすごく流行りました。当時は科学も医学もまだ発達していなかったので、病気になったり、悪いことが起きたりすると、何か悪いものが取り憑《つ》いたのではないかと考えるしかなかったからです。

細菌もウィルスも発見されていない時代です。原因不明の苦しみが続いたとき、悪い霊が取りついたのではないかと考えるのは無理もないことです。

怨霊信仰や言霊信仰は日本に古くからあるものなので、悪霊を退《しりぞ》け幸福を招く加持祈禱は、仏教より神道のほうが相性はいいのではないかと思われるかもしれませんが、実際には仏教がその役を担《にな》いました。

なぜ仏教だったのかというと、当時、神道は宗教としてのシステムが仏教ほど完成されていなかったからです。仏教は日本に伝来したときすでに、壮大な世界観と壮大な理論体系、さらにはシステム化された方法論を持っていました。それらが一気に流入してきたのですから、シンプルで素朴な神道が太刀打《たちう》ちできるはずがありません。

ブッダの思想自体がそもそも圧倒的な力を持っているのに、その後も、インドや中国の知性ある人たちが次から次へと、その思想をブラッシュアップして、哲学的にもう及ぶことのないところまで磨き上げたものが日本に伝わったのです。

たとえるなら、仏教はディズニーランド、ブッダ個人はウォルト・ディズニーのようなものです。ウォルトがミッキーマウスというキャラクターを生み出した時点でもう充分すごいのに、ディズニーランドは、そのコンテンツをアトラクションとして展開し、さらに映画などでも広めていきます。普通のアミューズメントパークで太刀打ちできるはずがありません。

最高のアトラクションをいくつも擁していた世界最高峰のアミューズメントパーク「仏教」の中で、加持祈禱を主に担当したのは「密教」と呼ばれる仏教でした。

密教とは、「秘密の教え」という意味です。最も深遠な境地に達した者以外には知ることができない秘密の教え、それが密教です。

では、密教ではどのようにして「最も深遠な境地」を目指すのかというと、「身に印を結び、口に真言を唱え意に本尊を観じて、現実の事象そのものを宇宙の真相を見いだし、自己がそのまま仏であるという体験を得る」(『新版 仏教学辞典』より)といいます。

ここからわかるのは、密教は「体験型」の宗派だということです。

日本の密教は、平安初期に空海《くうかい》(七七四～八三五)が唐から持ち帰った真言宗が有名ですが、実は同時期に唐に留学した最澄《さいちょう》(七六七～八二二)が持ち帰った天台宗も密教でした。つまり、日本で最初に密教を紹介したのは最澄なのですが、空海が学んだ密教のほうがより本格的なものであったため、密教の看板は空海のものになってしまったのです。

しかし、空海の持ち帰った密教に重要なものがあることは最澄にもわかっていたようです。その証拠に、最澄は日本に帰国した空海に、教えてくれと何度も頼んでいます。でも、空海はついにその秘儀を教えませんでした。

密教は曼荼羅《まんだら》があったり護摩《ごま》を焚《た》いたりと、独特なワールド(世界観)を持っています。その完結したワールドの中で修行を積んだ人は、特別な霊力を身につけると考えられたことから、修行を積んだ僧たちが加持祈禱をすると悪霊を退散させ、幸福を招くことができると考えられるようになっていきました。

加持祈禱というと、前時代的な迷信だと思うかもしれませんが、神仏に祈願するということは、現代人の我々も実は日常的に行なっています。受験のときに天満宮に絵馬を奉納して合格を祈願したり、妊娠したときに水天宮に安産を祈願したり、というのは、今でも多くの人がしているでしょう。

日本人は昔から「穢《けが》れ」を嫌い、穢れたら祓《はら》って清めるということを行なってきました。神道は、この「祓い清める」ということが基本コンセプトです。

日本に仏教が入ってきたとき、神道の「祓い清める」ということが、仏教の「煩悩を消す」ということとうまくつながったことで、本来の仏教にはない「加持祈禱によって悪霊を祓い、幸福を招く」ということがされるようになったのだと思われます。

でも、考えてみれば皮肉です。この世のことはいいことも悪いこともすべて幻想だというのがブッダのメッセージだからです。

ただ、多くの人間はそこまで強くなれません。それでもこの世界をもっと単純に理解したいし、救われたいのです。

ということになると、重要なのはそれが真理に適《かな》っているかいないかではなく、「力を持った特別な人に加持祈禱をしてもらったのだから、神仏の力によって、よくないものが除かれ、きれいになった」と信じて前向きに生きるということが、弱い人間には大事なのかもしれません。

●神々の世界のM&A

世界的には仏教国と見られている日本ですが、日本人には自分が仏教徒だという自覚はあまりないように思います。実際、子どもが生まれたときや、七五三、初詣《はつもうで》や受験の合格祈願に行くのは寺ではなく神社です。神社は神道です。

でも、お葬式はほとんどの日本人が仏教で出します。最近は、結婚式は教会でキリスト像の前で愛を誓うという人も増えています。

さらには、自分の家の宗派は日蓮宗だけど、禅寺の空気も好きだし、お寺をお参りするとつい「南無阿弥陀仏」と念仏をつぶやいてしまうという人もいます。先に日本は文化的に雑食だと言いましたが、日本は宗教的にも雑食で、取り入れたものがすべて細かな栄養素として渾然《こんぜん》一体となり、日本人の心と生活の中に収まっているのです。

その結果、もはや日本人の宗教心はどれか一つの要素でできているとは言えなくなってしまっている、というのが正直なところだと思います。

日本人の宗教は、神道、仏教、儒教、キリスト教などどれか一つに絞ることはできません。健康な体を維持するのにバランスの良い食事が必要なように、日本人の精神生活を保つには、さまざまな宗教がバランス良く必要なのです。

日本人のこうしたバランス感覚は今も健在です。

その証拠に、世界中のいろいろな儀式や風習が、今も日本人の生活に少しずつ、実に日本的なセレクトを経て入り込み続けています。最近の顕著《けんちょ》な例がハロウィーンです。

私が子どもの頃には、ハロウィーンは決してメジャーな行事ではありませんでした。そういうものが外国にあることぐらいは知っていましたが、日本に根付くとは夢にも思いませんでした。でも、いまや「十月三十一日は何の日?」と聞くと、多くの人が「ハロウィーン」と答えるまでになりました。実は、私は十月三十一日生まれなので、誕生日をオバケたちに乗っ取られたような気持ちすらしています。

ハロウィーンもそうですが、クリスマスも発祥をたどると、キリスト教以前からあった宗教儀式をキリスト教が引き継いだものだということがわかっています。そう考えると、宗教というのは、ある意味で「神々の世界のM&A」、乗っ取り合いだと言えます。かつてはこの神の祭りだったものを、新たに人びとの心をつかんだ宗教が取り入れていく。これは企業が吸収合併されていくのと似ています。

仏教が日本に入ってくると、日本人は次第に、仏様というのは実は日本の神々と同じものだと考えるようになります。これを「神仏習合《しゅうごう》（神仏混淆《こんこう》とも）」といいます。

たとえば、宇佐八幡《うさはちまん》の祭神・八幡神は応神《おうじん》天皇と同一視される神道古来の武神ですが、仏教と習合して「八幡大菩薩」と呼ばれるようになります。菩薩というのは、如来《にょらい》になる以前の仏、つまり修行の最終段階の仏の名称です。

また、日本神話「因幡《いなば》の白ウサギ」で知られる大国主命《おおくにぬしのみこと》は別名「大黒様」と言われていますが、大黒というのは、もともと密教が日本に伝来したときに、仏教の守護神「天部《てんぶ》」のひとりとして伝わったものです。天部には、他にも毘沙門天《びしゃもんてん》や弁財天《べんざいてん》（弁天）、吉祥天《きっしょうてん》、帝釈天《たいしゃくてん》、梵天《ぼんてん》などさまざまなものがありますが、彼らのルーツはすべてインドで仏教が取り入れた、ヒンドゥー教など仏教以前の宗教の神々なのです。

日本人が大好きな「七福神」は、こうしたインド由来の神様と、中国由来の神様がこれもまた渾然と混ざり合っています。でも、そんなことを気にしている日本人はいません。

なんとなく「縁起がよさそうでいいよね」と受け入れてしまっているのです。

●仏教が国民宗教になった理由

こんなごちゃ混ぜ宗教の日本が仏教国だといわれるようになったのには、歴史的な経緯があります。

日本人はもともと、ありがたそうなもの、縁起のいいものはなんでも受け入れて、とりあえず手を合わせて拝んでおこうというタイプなので、どれか一つの宗教に信者として組み込まれるということが基本的にはありませんでした。

そこに変化が生じたのは、室町時代、応仁《おうにん》の乱（一四六七〜一四七七）のあたりからです。この頃から寺で葬儀をすることが浸透し、各地の寺で信者の囲い込みが盛んになっていきます。そして、変化が決定的になったのが、江戸時代の「檀家《だんか》制度」の施行でした。

江戸幕府が、民を管理するとともに宗教統制を行なう目的で、すべての「家」はどこかの寺に所属しなければならない、としたのです。

この檀家制度によって、日本人は宗派の違いはあっても、全員がどこかの寺の信者にならなければならなくなりました。それまでも大きな寺が各地で勢力を誇ってはいましたが、それは一部の権力者の庇護《ひご》、寄進《きしん》によるところが大きく、民すべてが仏教を信じていたわけではありませんでした。

それが檀家制度によって、上は将軍家から下は商人まで、当時の人すべてが寺に所属することになったのですから、仏教がある意味「国教」のような状態になったと言えます。

しかし、当時の「仏教」は神仏習合が基本だったので、寺の中に神社があったり、神社の敷地に寺があったり、あまり国民は神と仏を明確に区別することなく信仰していたとも言えます。ですから、○○寺の檀家でありながら、○○神社の氏子《うじこ》であることが、何の矛盾もなく成立していました。

ところで、お上の命令とは言え、なぜこのような制度が実行できたのかというと、江戸時代になる前、織田信長が大きな布石を二つ打っていたからでした。その布石とは、ひとつは一向一揆《いっこういっき》を潰したこと、ふたつ目は比叡山を焼き討ちしたことです。信長がそれまで強大な力を持っていた宗教勢力を武力解除させ、服従させたことで、その後を引き継いだ秀吉《ひでよし》、家康《いえやす》が国民全員を寺に所属させることで管理するという檀家制度を敷くことができたのです。

哲学者の山折哲雄《やまおりてつお》さんが『仏教とは何か―ブッダ誕生から現代宗教まで』（中公新書）という本の中で触れていますが、今の私たちは、一度は仏教が国民宗教化した状態の延長線上に生きているのです。

そのため、多くの人が「お寺は何宗？」と聞かれると、「確か浄土宗だと思う」とか「うちは浄土真宗です」とあやふやでも一応は答えることができるのです。宗派だけではありません。お寺に関しても「うちの檀那寺《だんなでら》は○○寺です」と答えることができます。

でも、この檀家制度も近年はだいぶ崩れてきています。

お葬式の必要に迫られてから「お葬式をどこでする？」と慌てて考え、「うちの宗派はどこだった？」という家も少なくないでしょう。最終的に宗派はどこでもいい、仏式ならオーケーと言う人も最近はいるそうです。

それでも葬式など「死」を扱うシステムは、形が変わっても「仏教」が伝統的にコントロールしています。しかしそれも宗教心からというより、政治的な制度化によって仏教がその役割を担うことになった、ということなのです。

●儒教から生まれた「日本教」

仏教が家制度の中に入り込む一方で、江戸時代の日本人の道徳の中心は儒教でした。儒教というのは孔子の説いた教えです。孔子は「私たちは死後、どうなるでしょうか」と問われたとき、「われ未だ生を知らず、いずくんぞ死を知らんや」と答えています。「私はまだ生きるということがどういうことかわからない、ましてや死んだあとのことなんかわからない」という意味です。

ですから孔子は、死後の世界のことについては何も語っていません。儒教は現世を生きるための道徳なのです。しかも、その教えの中心は、君子に必要な徳とはどのようなものか、国はどう治めるべきなのかという、君主と政治官僚のための道徳です。

その具体的な内容は「仁、義、礼、智、忠、信、孝、悌《てい》」という徳目についてで、それについての孔子の教えを、江戸時代の子どもたちは寺子屋で叩き込まれました。

儒教は「学ぶ」ことを基本にしているので、日本人は非常にまじめに勉強をするようになりました。そして、成長するとまじめに仕事をする大人になります。つまり、儒教の道徳が根付いたおかげもあり、日本人は非常にまじめで勤勉な国民になったのです。

維新の志士を導いた吉田松陰（一八三〇〜一八五九）は、牢獄に入れられていた間ですら時を惜《お》しみ、囚人のために孟子《もうし》の教えを説いています。これは今も『講孟箚記《こうもうさつき》』（講談社学術文庫）という書にまとめられ読むことができます。

「仁、義、礼、智、忠、信、孝、悌」という徳目を身につけ、まじめに勤勉に生きる。これは「日本教」と言ってもいいもので、今も日本人は連綿とこの思想を受け継いでいます。

宗教的には仏教国と言われる日本ですが、道徳に関しては儒教が一番強いのです。ですから、私自身がそうですが、ちょっと前までは、仁、義、礼、智、忠、信、孝、悌という儒教の徳目を表わす文字を子どもの名前に用いる親がたくさんいました。日本人は、儒教の精神を柱に自己形成してきたということです。

しかし、戦後になり教育の場から儒教に即した道徳教育は失われてしまいました。それでも、今また日本人が何を精神の柱として生きていくかと考えたら、『聖書』、仏典、ギリシャ哲学などいろいろな選択肢がありますが、多くの日本人にしっくり来るのはやはり『論語』なのではないでしょうか。

なぜかというと、『論語』はきわめて現世的だからです。

他人の評価を気にするな、まず自分をきちんとせよ、自分の嫌なことは人にもするな、など言っていることがどれも実用的です。日本実業界の父と謳《うた》われる渋沢栄一《しぶさわえいいち》（一八四〇～一九三一）は自らの経営哲学をまとめた本のタイトルを『論語と算盤《そろばん》』としていますが、『論語』は経済にも応用できてしまうのです。

日本人の宗教観は万物に神が宿るというアニミズムです。八百万《やおよろず》の神々といいますが、海には「わだつみの神」が、山には「おおやまづみの神」が、太陽には「アマテラスの神」、月には「ツクヨミの神」というように、自然のあらゆるものの中に人智を超えた力を見いだし畏敬の念を以《もっ》て接するというのが基本です。

自然は人智を超えているというのは、日本の気候風土を考えれば理解できます。頻発する地震に台風、四季があり豊かで多くの恵みを与えてくれる反面、多くの被害をもたらす厳しいものでもあるからです。

その結果、さまざまな性格を持った人格神が生まれ、さらには各地で妖怪のようなものも生み出されていきました。このアニミズム的な感覚は今の日本人にも色濃く残っています。

そのため日本人には、一つの神が支配する宗教というのが、どうしても馴染《なじ》みにくいという傾向があります。明治から戦前にかけて、「国家神道」を国民に強制した時期がありますが、あれは近代的中央集権国家をつくるためのアクロバティックなアイデアであって、国民が求めた宗教ではありません。

今、信教の自由が保障されているにもかかわらず、世界を席巻《せっけん》している二大宗教、キリスト教とイスラム教が日本でメジャーにならないのは、やはり日本人のこうした宗教観に唯一絶対神というものが合わないからなのではないかと思います。

日本人は無宗教？

●日本人はなぜ無宗教だと言われるのか

日本人はよく無宗教だと言われますが、私は決してそうではないと思います。

歴史的に見ても、日本人は篤《あつ》い信仰心を持っていました。たとえば奈良の大仏からは、奈良時代の人々が仏教に深く帰依《きえ》していたことがわかりますし、聖徳太子《しょうとくたいし》の十七条憲法を見ると、儒教が相当早くから日本人の心に根ざしていたことがわかります。

十七条憲法で有名な「和を以って貴しとなす」という条文は、日本人のオリジナルだと思っている人が多いのですが、実は『論語』の第一章「学而第一《がくじだいいち》」に「礼の用は和を貴しと為す」というとてもよく似た一文があるのです。

『論語』の成立は約二五〇〇年前、七世紀初頭に成立した十七条憲法よりもはるかに歴史があります。そう考えると、教養のある聖徳太子が『論語』の影響を受けていた可能性は充分あり得ます。そうであれば、仏教だけでなく儒教も非常に早くから日本人の精神のあり方に影響を与えてきたことになります。

儒教はいわゆる「神様」というものを設定しているわけではないので、既存の宗教とは違いますが、分類によっては宗教の一つに数えられています。実際、マックス・ウェーバー（一八六四〜一九二〇）は、『儒教と道教』という本で、古代ユダヤ教と同じ手法で、儒教を宗教社会学的に分析しています。

日本にはこうした外来宗教の他にも、日本古来の八百万《やおよろず》の神々への信仰もあるので、決して無宗教ではないのです。それなのに日本が無宗教に見えるのは、キリスト教やイスラム教のような一神教を信仰している国や民族からは、日本人の何でもありの信仰心はどうしても薄味なものに見えるからだと思います。

では、日本人の信仰心が薄味であるという意見は無理解に基づく偏見かというと、そうも言い切れません。

それは、人に信仰を聞かれたとき、「自分は○○神を信仰しています」と明言できる日本人がとても少ないということです。そういう意味では、無宗教ではないのだけれど、宗教というものに対して距離を取りがちなところがあります。

なぜ自分の信仰を明らかにしたがらないのかというと、唯一絶対神を信仰する宗教への恐れなのだと思います。日本人は、神がいろいろあるなかで今日はこの神に手を合わせようというのならいいのですが、この神しかいない、という強い信仰を強制されるのが、息苦しく感じられて嫌なのです。

なぜ息苦しく感じるのかというと、日本人にとって神というのは、実は概念にすぎないからです。天の恵み、地の恵み、そうした概念に「神」の姿を与え、現実に合わせて便利に使いたいという、非常に現実主義的な思考が日本人の心情にはあるのです。

それに、八百万というほど多くの神がいれば、「捨てる神あれば拾う神あり」という諺《ことわざ》があるように、万が一、神の怒りに触れたとしても逃げ場があります。でも、もしも神が唯一絶対の存在だと、神が自分にとって非常に都合の悪いことをしたとしても自分たちにできることは何もありません。

それどころか、なぜ神がそんなことをしたのか、神の考えを推し量ることさえできません。神は人智を超えた存在なので、善悪さえも人間の考えの及ぶものではないからです。

それがユダヤ教やキリスト教、イスラム教の神なのです。

そういう神を信じてしまった人間は、神の僕《しもべ》となり、安心し、時に翻弄《ほんろう》されることになります。おそらく日本人は、自分たちがそれに耐えられないことがわかっているのでしょう。

●なぜ日本にキリスト教が広まらなかったのか

現在、世界の宗教人口は、一位のキリスト教（約二一億七〇〇〇万人）と二位のイスラム教（約一六億人）で半分以上（それぞれ世界人口の三一・四%、二三・二%）を占めています。それぞれの宗教人口の伸び率を見ると、今後はイスラム教がキリスト教に追いつき、この二つの宗教が世界の人口の六割以上を占めるとの見方があります（数字は米調査機関ピュー・リサーチ・センターによるもの）。

キリスト教やイスラム教がこれほどまで世界に広まっているのに、なぜ日本ではこんなにも少ないのでしょうか。

特にキリスト教は、最初は戦国時代に、二度目は明治維新のときに、三度目は戦後の占領下に、と何度も日本に定着する機会はあったように思えるのですが、メジャーになることはとうとうありませんでした。

アジアに一神教は合わないのではないか、と思うかもしれませんが、現在イスラム教徒が一番多い国は、実はインドネシアなのです。インドネシアのバリ島などは違いますが、インドネシアの多くの人はイスラム教徒です。ですから、一神教がアジアの人に受け入れられないというわけではないのです。

とは言え、アジアの中でもイスラム教は北方の寒い地域には少なく、南方の暑い地域に多いという傾向があるので、おそらく風土というものは関係していると思います。また、インドネシアには、それまで強力な宗教がなかったということも大きいと思います。

私は以前、一人でフィジーを旅したとき、ホテルの従業員の人と仲良くなって、ご自宅へ遊びに行きカレーをご馳走になったことがありました。そのとき「左手は使わないようにね。あと、僕たちはいまから礼拝をするからちょっと待ってて」と言われて、彼らがイスラム教徒だということに初めて気がつきました。

日本ではイスラムが身近でないこともあって、テロのニュースなどで何となく危ないイメージを抱いてしまっている人も多いのですが、大多数のイスラム教徒の人たちというのは、しっかりと自律的な生活を営む人々なのです。ニュースで取り上げられるような「イスラム過激派」と呼ばれる人たちというのは、イスラム教徒全体から見るとごく少数です。

次に、アジアの大国である中国はどうかというと、ここは共産化されたということが宗教に大きく影響していると言えます。

もともと中国は漢民族の国だと言われていますが、実際には北方遊牧民族の侵入を受けたことも多く、モンゴル民族による支配（元）、女真《じょしん》族による支配（清）といった時代も長く続きました。宗教も古くからある道教に加え、さまざまな民族の宗教が入り乱れることになり、何か一つの大きな信仰に国全体が支配されるということはありませんでした。

その中国が二十世紀、隣国ロシアの影響を受け、左翼思想のマルクス・レーニン主義により、革命に至ります。

マルクス主義は、マルクスの「宗教は民衆のアヘンである」という言葉で知られるとおり、徹底した無神論です。

マルクス主義は、人類の歴史を経済の流れで捉えており、経済における階級闘争の歴史は、ブルジョワ革命を経てプロレタリア革命に至り、やがて国民すべてが平等な共産社会に至るというビジョンを持っていました。つまりマルクス主義は、経済基盤を中心に歴史を見ており、徹底的な物質主義なのです。そのため、「神」ですら人間が頭の中でつくったものにすぎない、と切り捨ててしまいます。

こうした物質主義のマルクス主義がソビエトと中国というアジアの二大国を席巻《せっけん》したことで、この二国から「宗教」は表向き一掃されました。それでも今は、ロシアにはロシア正教（キリスト教）が、中国では風水や道教が人々の心を捉えはじめています。ロシアと比べて中国のほうが宗教色が弱いのは、やはり中国の政治が共産党一党独裁体制を続けているためと考えられます。共産党の力が強いので、宗教勢力が大きくなりにくいということです。

韓国はどうかというと、実は今、キリスト教徒が増え続けているのです。

韓国に最初にキリスト教が伝わったのは十六世紀末、その後、十九世紀半ばにプロテスタントが伝来しています。しかし、信者数が爆発的に伸びたのは、実は朝鮮戦争（一九五〇〜一九五三）後なのです。

現在の韓国のキリスト教信者数は、カトリックとプロテスタントを合わせると全人口の三分の一に達しています。さらに近年は、キリスト教系の新興宗教もどんどん増えています。ちなみに、かつて日本でも集団結婚式で話題になった「統一教会」（現在の正式名称は世界平和統一家庭連合。二〇一五年にそれまでの世界基督教統一神霊協会を改称）は、韓国のキリスト教系新興宗教です。

こうしたアジアの状況を見ると、日本は共産国家でもないし、一時期はアメリカの占領下にあったわけですから、キリスト教系の新興宗教が出てもおかしくない土壌ではあるのです。実際、まったくないわけではないのですが、大きな宗教勢力に発展したものはありません。

では、これからはどうでしょう。世界では今もキリスト教やイスラム教は信者数を伸ばし続けています。今後、過半数、もしくは三分の一以上の日本人が一神教を信じる日が来る可能性はあるのでしょうか。

私は、おそらくないと思っています。

そもそも日本人は、キリスト教が入ってくるたびに、西洋の生活様式は受け入れるけれど、宗教としては受け入れない、ということを繰り返してきました。

今、日本にキリスト教系の学校はたくさんあります。そうした学校では、入学時に聖書を配り、宗教の授業でキリスト教の教義に触れ、学校の聖堂では日曜礼拝を行ない、学生は自由に参加できるように開放されています。ところが、それでも在学中にキリスト教徒になる学生は少数派でしょう。

考えてみれば、これはすごい現象です。キリスト教徒の家の子どもがキリスト教系の学校に入るのはわかるのですが、日本ではキリスト教以外の家が、抵抗なく子どもをそういう学校に入学させているのです。裏を返せば、キリスト教系の学校に行ったからといって宗教を強制させられるわけではないという確信のようなものがあるわけです。

そして子どものほうも、小、中、高と多感な思春期をキリスト教系の学校で過ごしても、キリスト教に染まることなく卒業していくのです。

●宗教よりも現世の楽しみが大事

私たち日本人は、現世を享楽的に過ごしたいという欲求がずば抜けて強い民族です。特にその欲求の強さは「食」に濃厚に現われています。

おいしいものを食べたがる民族というものを世界中で競ったら、おそらく日本は（断トツの）世界一位でしょう。なぜなら、どこの国でも権力者が贅《ぜい》を尽くした食を楽しむというのはあるのですが、日本の場合は、みんなが「おいしさ」にこだわっている、つまり、平均値が非常に高いのです。

たとえばイギリスは、日の沈まない帝国と言われるほどの力で全世界を制覇しましたが、イギリス人の食事は概して驚くほど簡素なものです。これはドイツ人も同じです。フランスは、フランス料理の贅沢なイメージがありますが、それは一握りの王侯貴族のためのもので、一般の人は日本人が思うほど食にこだわっていません。

日本人が食を追求するのは、宗教的なしがらみが少ないということも大きいと思います。

イスラム教には豚肉を食べてはいけないとか、「ハラール」に処理された食品でなければ食べてはいけないなど、おいしさ以前の問題としてさまざまな食の規定があります。

ユダヤ教にも「カシュルート」という食事規定がありますし、ヒンドゥー教にも牛を食べることの禁止以外にも、カーストと結びついた細かな食事制限があります。

キリスト教は食事制限のイメージが少ないのですが、それはカトリックのイメージで、プロテスタントには実は厳しい食事制限があるのです。食事制限と言っても、プロテスタントのそれは、ユダヤ教やイスラム教のそれとは少し傾向が違います。プロテスタントの場合は、徹底した禁欲主義なので、食事がとても質素なのです。

一九八七年にアカデミー外国語映画賞を受賞した「バベットの晩餐会《ばんさんかい》」というデンマーク映画では、プロテスタントの普段の食事がいかに質素で味気ないものなのかが、映像でとてもうまく表現されています。

この映画の舞台は十九世紀、プロテスタントの牧師を務める父と、結婚もせず清貧な人生を送る二人の姉妹のもとで家政婦として働く元料理人バベットが主人公です。彼女はただの家政婦ではありません、パリの有名レストランの料理人だったのです。

ある日、そのバベットが思いがけず宝くじに大当たりします。そこで彼女は、その当選金を元手に村のみんなにご馳走を振る舞うことを決めます。そしてバベットは、ひたすら清貧な生活を送ってきた姉妹が恐れを抱くほど贅沢なご馳走を振る舞うのですが、厳格なプロテスタントを信仰する村の人たちは、食事を味わうことは悪だと考え、「料理の話はしないように」と口を合わせます。しかし、バベットの料理を食べているうちに、次第にみんなの気持ちがやわらぎ、終いには陽気な気分になるという話でした。

食に関する享楽的なものと言えば欠かせないのが「酒」です。酒こそ人生の楽しみと言っても過言ではないという人もいると思いますが、イスラム教はその「酒」を飲むことを一切禁止しています。

しかも、酒は悪いものだから禁止する、というのならまだわかるのですが、そうではなく、来世緑園《りょくえん》（天国）に行ったら最高の酒がたっぷり飲めるのだから今は飲むな、と言っているのです。

日本人の感覚では到底理解できません。

というのも、日本人が神様を拝むのは、来世の幸せよりもまずは今日明日のことのためです。ですから、今の楽しみを我慢することなどできません。そういう意味では、各地の宗教にありがちな来世というものを、日本人は本当には信じていないのかもしれません。

そんなものは信仰とは呼べないという人もいるかもしれませんが、その「現世利益っぷり」こそが日本人の宗教心の特徴といえるかもしれません。

●日本人は他宗教を理解できるポジション

このようにさまざまな宗教の要素が混ざり合いつつも、究極的には現世利益ありきの日本人の宗教観ですが、それは視点を変えれば宗教的に非常に寛容であると言えます。

歴史を見れば、大きな戦争の多くは宗教に絡んだものです。いまでも、ＩＳ（イスラミック・ステート）の問題が世界を脅《おびや》かした結果、イスラム教に対して厳しい見方をする傾向も出てきています。しかし、単にお互いを否定し合う、憎しみの連鎖からは、決して平和は生まれません。

私は、イスラムを理解するという点においては、日本人というのはとてもいい立ち位置にいるのではないかと思っています。

キリスト教とイスラム教は、同じ絶対神を信仰するいわば姉妹宗教なのに、対立し争い合ってきました。近い関係だからこそでしょう。そういう意味では、日本は宗教的な対立から外れた位置にいるという点で、少なくとも相手を理解できる民族だと言えるのです。日本の思想というのは、日本固有のものではありません。いろいろなものを取り混ぜながらつくり上げてきたものです。岩波文庫を見るとよくわかりますが、そこには世界中の思想が取りそろっています。日本人はそれを全部読んでバランス良く生きているのです。そういう栄養素をバランス良く摂るような生き方が、日本人の思想的な立場なのです。

そして、だからこそイスラムの人たちを理解し、良好な関係を保ちながら、西洋のキリスト教国とも良好な関係を保つことが、日本人にはできるのではないかと思うのです。

思想の理想的な状況というのは、何か一つの思想に凝《こ》り固まるのではなく、ジャングルのような豊かさがある環境だと思います。いろいろな植物や動物がそこに住んでいる森のような豊かさ、そうした豊かさが日本の思想にはあります。

日本の食文化が、世界中の料理を取り込んで日本人の味覚に合うものにアレンジしているのと同じことが、思想面でも起こっていたということです。そういう柔軟さがなければ、漢字を取り入れて仮名をつくったり、漢籍の知識を駆使して外国語を熟語に翻訳したり、和製英語を絶妙に取り入れて、という日本にはなりえなかったはずです。

ですから、日本の宗教というものを考えるときも、あまり「日本固有」ということを突き詰めてしまうと、かえって薄っぺらいものになってしまう恐れがあります。実際そのことは、明治時代に国家神道を打ち立てようとしたときにすでにわかっていたはずです。だからこそ、あのとき明治政府はあまり古い神々を持ち出さず、明治天皇の神格化に力を注いだのではないでしょうか。

宗教において、日本固有を追求することに私は大きな意味はないと思います。日本人は、多くの人がそうであるように、普通に、柔軟に、いろいろな物語を楽しみたいのです。仏教の物語もいいし、『古事記』もいい、『論語』の考え方もいい……。ルーツにこだわることなく、いいとこ取りしていくのが合っているのです。そのためには、いい意味で

「多宗教」な状況は維持していくべきだと思います。

ただ一つ気をつけなければならないのが、何でもありだからといって、宗教に無知ではいけないということです。

無知がいかに恐ろしいものかは、オウム真理教の事件が立証しています。宗教には中に入り込んでしまうと、その世界しか見えなくなるという怖さがあります。オウム真理教の事件は、宗教に関してあまりにも無知だったためにマインドコントロールにかかってしまった人々が起こした事件です。

柔軟に取り入れることはよいのですが、狭い考えに洗脳されることは避けなければなりません。そういう意味では、日本人は雑食だからこそ、もっと宗教心に対する知識を磨いて、賢い取捨選択ができる力を身につけることが必要なのです。

原理主義という病

●廃仏毀釈《はいぶつきしゃく》で神道「一本槍」に

一つの宗教に染まることがなかった日本ですが、たった一度だけ、全国民がその信仰心を一つにしたことがありました。それが、明治政府が国策として行なった「国家神道」です。

これに伴い、それまで神道と習合していた仏教は、無理矢理分離させられただけでなく、多大な破却を受けています。これを「廃仏毀釈」といいます。

『神々の明治維新――神仏分離と廃仏毀釈』（安丸良夫著／岩波新書）という本がありますが、これは、明治維新のときに、政府が神仏分離政策をとったことで日本中に巻き起こった仏教に対する排斥《はいせき》運動が、日本人の精神構造にどのような変化をもたらしたのかを考察した本です。

これを読むと、維新政府が何を目指して神仏を分離して国家神道を打ち立てたのか、なぜあれほどの苛烈さをもって廃仏毀釈を行なう必要があったのかがよくわかります。

明治政府は、神道を中心とした「神道国教主義」を展開したかったのです。わかりやすくいえば、神道を唯一絶対の「国教」としたかった、ということです。

神道を唯一絶対の宗教にするためには、神道の絶対性を脅かすものを排除することが必要でした。ところが、神道にはすでにさまざまな宗教が入り込んでいました。そうした中でも、神仏習合の名のもとに一体化していた仏教の存在は最大の障害でした。

国家神道の中心存在となる「天皇」の権威は、神々と交信できる唯一の神官であるというところにあります。そして、なぜ天皇だけにそれができるのかというと、天照大神の直系の子孫であるという「神の血」を保有しているとされるからです。今も天皇家を「万世一系」といいますが、その「神の血」こそがまさに天皇家の権威なのです。

ところが、仏教はそのルーツをたどっていくと、どうしても二五〇〇年前のインドの王子ゴータマ・シッダールタという「人」の話になってしまいます。これでは、日本をつくった神話の世界とあまりにも物語が一致しません。

天皇を「現人神《あらひとがみ》」として神聖視するためには、仏教など余分な要素をすべて排除して、『古事記』『日本書紀』に記された神話と、現実の天皇を直結させることが必要だったのです。

だからこそ、明治政府は単に神仏を分離させるだけでなく、廃仏毀釈を断行したのです。

第1章で、江戸時代に本居宣長が『古事記伝』を著すまで、『古事記』は万葉仮名で書かれていたため読むことができなかった、と述べました。読めなかったというのはどういうことかというと、要は、一般の人々からはその存在が忘れられていたということです。

本居宣長のお陰で一般の人も『古事記』の内容を知ることができるようになりましたが、『古事記伝』の最終巻が刊行されたのは文政五年（一八二二）といいますから、明治維新のわずか五〇年前です。

それまでずっと忘れられていたものを、なぜ明治政府は急に引っ張り出して、『古事記』の神話世界をあたかも史実であるかのごとく扱い、神の子孫である天皇家は絶対的な存在であるという思想を国民に押しつけたのでしょう。

それは、維新政府が外国と対等に渡り合うために、中央集権国家をつくるという急務の課題を抱えていたからでした。

しかし、考えてみると、これはかなりアクロバティックな政策です。

なぜなら、明治維新という西洋に国を開いて近代化をしていくために合理的なシステムを導入していこうというときに、「神話」と「現人神《あらひとがみ》」という神話的世界観を復活させ国民に信じさせようというのですから、普通なら矛盾するはずです。

常識的に考えるなら、西洋的な近代化を目指すなら、キリスト教ごと一緒に持ってくるというのが一番手っ取り早い方法です。これなら統一感もあります。

では、なぜそうしなかったのでしょう。

もちろん、日本人としてのアイデンティティを失いたくないという気持ちもあったと思いますが、それ以上に問題だったのが、国民のキリスト教に対する違和感や嫌悪感、というものがあったからではないかと思っています。

明治の日本人は、キリスト教にいいイメージを持っていませんでした。それには、江戸時代の伴天連《バテレン》追放令や、西洋の植民地化の先兵として宣教師が使われていたという、歴史的背景が深く関わっています。

つまり、明治維新のときに、キリスト教もセットで受け入れて近代化するという選択肢もあったのですが、それでは国民感情が納得せず、短期間で強力な中央集権国家をつくることは難しいと判断したので、明治政府は、西洋的近代化と同時に、神話を論拠に天皇を現人神として全国民の信仰対象にすることで中央集権を推し進めるという離れ業《わざ》に打って出た、ということです。

●人為的につくられた「神」

国家神道の登場によって、日本人がそれまで連綿と持ち続けてきた神仏習合の緩《ゆる》やかな宗教観は断ち切られてしまいました。そして、新たな宗教観を構築するために、子どもたちに徹底した神道教育が行なわれました。

その結果誕生したのが「神国日本」という意識です。

私たちは、歴史を振り返って「敗戦後天皇が人間宣言をした」と聞くと、当時の人たちは天皇がそんな宣言をしなければならないほど、本気で天皇は現人神だと信じていたのか、と疑問を感じます。当時の人々が本気で信じていたかどうかはともかく、天皇が神格化されていたことは間違いありません。尊く、畏《おそ》れ多い存在だと子どもの頃から教育を受けて育てば、人はそう思うようになるものだからです。

戦前生まれの人の中には、「どんなに追い込まれた戦況でも、最後は神風が吹いて日本が必ず勝つ！　と本気で信じていた」と話す人もいます。それほど「神国日本」は本気で信じられていました。

こうした教育が行き届いたことで割を食ったのが仏教でした。政府が出した「神仏分離令」によって、神社から仏教的要素を払拭《ふっしょく》するために行なわれた廃仏毀釈に加え、民衆運動として仏像や仏具が破壊されるということが、各地で起こったからです。

ずいぶん過激な……、と思うかもしれませんが、宗教の大きな変わり目には、そういう激しいことが起こるものなのです。事実、十六世紀にドイツのマルティン・ルター（一四八三～一五四六）がプロテスタントを興したときにもかなり激しい争いが起きています。

『宗教改革—ルター、カルヴァンとプロテスタントたち』（オリヴィエ・クリスタン著／創元社「知の再発見」双書）に当時の様子を描いた衝撃的な図版が掲載されているのですが、そこには何と新教徒（プロテスタント）が旧教徒（カトリック）の教会を襲って、信徒たちを殺している様子が描かれています。

解釈に違いがあっても同じキリスト教徒同士なのだから何も殺さなくても、と思いますが、まったく異なるものより、「近いのに少し違う」ものに対して、憎しみは強くなってしまうのが世の常のようです。

事実、こうしたキリスト教内での内ゲバ的な殺し合いは他の国でも起きています。たとえば、イギリス国教会とカトリックがそうでした。

イギリスの国教は「イギリス国教会」ですが、これはプロテスタントの一派です。それに対し、となりのアイルランドの人々はカトリックの信者です。イギリスがアイルランドを支配する過程で、カトリックの人たちに対する弾圧は強まり、それに反発する戦いが歴史上、多数ありました。

宗教は、その人の「存在証明（アイデンティティ）」に関わるものです。ですから異なる宗教を押しつけられたり、自分たちの宗教を奪い取られたりすることは、自分が自分でなくなるようなひどい苦痛を与える仕打ちです。

会社のM&Aと違って宗教上のM&Aは、よほどうまくやらないと人間に非常に強大なストレスを与え、大事件へと発展してしまいます。そのため、古来、征服者にとって征服地の宗教をいかにするかという問題は、非常にデリケートかつ難しい問題でした。この問題の対処に失敗すると、せっかく征服した土地も人心を掌握できなくなり、反乱が絶えないなど、何かとトラブルの絶えない厄介《やっかい》な場所になってしまうからです。

ローマ帝国を短期間に拡大することに成功したカエサルは、どういうやり方をしたのかというと、宗教にこだわらない、という政策をとっていました。『ガリア戦記』などによると、ローマが征服した地の人たちに土着の宗教があるのなら、それはそれでいい。無理にローマの神々を信じなくていいから、とりあえずローマの法に従い、義務を負い、税金を納めてくれ、ということにしたのです。

ずいぶんいい加減な感じがするかもしれませんが、征服された側の立場に立てば、信教の自由が保障されるということは、何よりも有り難いことでした。だからこそ、カエサルは征服者であるにもかかわらず、属州の人々からも高い人気を得ていたのです。

では、明治時代以降、太平洋戦争に至るまでの日本ではどうだったかといえば、表向きは大きな混乱は訪れませんでした。というのも、そもそも日本人の多くは宗教心とアイデンティティが同一であるというような、一神教的な感覚ではなかったからです。

また、政府は「神道以外の信仰はすべて捨てろ」とは言っておらず、国家神道を他のすべての宗教の上に置いて、優先的信仰を義務づけるというやりかたをとりました。事実、大日本帝国憲法には、「信教の自由」が明記されています。

それでも、国家神道を強要したことが、日本人の精神にそれまでにない大きな影響を与えたことは確かです。少なかったとはいえ、キリスト教などを信じる人にとっては大きな試練でした。

明治の神仏分離によって、といいましたが、実は廃仏毀釈の動きというのは、明治になって突然始まったものではなく、水戸国学における神仏分離運動や、平田国学による神仏分離の提唱など、国学の高まりとともに江戸後期から徐々に始まっていたことでした。

とは言え、「国家神道」というかたちが明確に取られたのは明治になってからです。

江戸時代は将軍（征夷大将軍）がトップで、天皇に政治的な権力はありません。それでも、形ばかりとはいえ将軍は天皇が任命する、という構造は残っていました。

幕末に「大政奉還《たいせいほうかん》」ができたのも、この構造が残っていたからです。

どういうことかというと、現在は征夷大将軍が国政を担っているが、それは天皇が任命した征夷大将軍に大政（天下の政治）を預けているのだ、としたのです。その政治を任されている幕府が、国防の役割も果たさず、勝手に外国と変な条約を結んでしまった。そんな無能な幕府に、これ以上政治を任すことはできないので、政権を本来の持ち主である天皇に還してもらおうじゃないか、というのが、討幕派の論理です。

この論理を掲げる薩摩藩や長州藩を中心にしてできたのが、明治の新政府です。幕府を倒した新政府は、新たな日本国を統一する象徴として天皇を掲げ、国家神道を打ち立てて、近代化に必要不可欠な中央集権国家体制の構築を目指しました。

問題は、このとき明治政府が、中央集権の確立を急いだことです。一刻も早く、日本を強力な中央集権国家にするためには、国民が結束する絶対的な中心（権力の源泉）が必要です。そこで政府は、天皇を神格化して絶対的な存在にすることにしました。

しかし、いくら政府が「天皇は神です、絶対ですよ」と言っても、昨日まで人だと思っていたものを今日から神だと思うなんて無理というものです。そこで新政府は、学校を使って、子どもたちに日本神話と、それに基づく天皇家の万世一系のストーリーを叩き込んだのです。こうして幼い頃から「天皇＝神」という教育を受けた人は、大人になっても違和感なく近代化と神話世界の両方を受け入れます。

こうして国民の多くが完全に信じ切ってしまった状態が、短期間のうちにつくり出されました。その結果、天皇の御真影《ごしんえい》に何かしたら不敬罪が適用されるという、今では信じられないような社会環境が展開されることになったのです。

そんな環境の中で、昭和十年（一九三五）、一つの事件が起きます。天皇は機関であるという「天皇機関説」を説《と》いた憲法学者・美濃部達吉《みのべたつきち》（一八七三〜一九四八）が不敬罪の疑いで逮捕されたのです。結果的には美濃部は起訴猶予《ゆうよ》で獄には入らずにすみましたが、公職を追放されたうえ、天皇機関説に激怒した右翼の襲撃を受け重傷を負っています。しかも、彼の著書は発禁処分を受け、政府によって天皇機関説は異端と位置づけられてしまったのです。

この事件を機に、天皇に関しては、思っていることをあからさまに言ってはいけない、あるいは、本当のことでも言ってはいけない、という空気が漂《ただよ》いはじめることになっていきました。

●原理主義という病

神話と科学の矛盾という問題は、国家神道に限った問題ではありません。

アメリカでは、今もキリスト教原理主義者（ファンダメンタリスト）たちの間では科学的な事実と宗教をどのように折り合いをつけるかということが問題になっています。

たとえば、聖書では人は神が泥をこねて神の姿に似せてつくったということになっていますが、科学的には猿から進化したということになっています。つまり、キリスト教信者の中には、人は猿から進化したという進化論がどうしても受け入れられない人もいる、ということです。

日本人の場合は、どうだったのでしょう。むかし、次のようなエピソードを読んだことがあります。

第二次大戦中のことです。日本人捕虜がアメリカ人に進化論について質問されたとき、「それは知っている」と答えて、西洋人たちがひどく驚いたというのです。

「なぜ知っている。お前たちは天皇を神とする日本神話を信じているんだろう。神話と進化論は矛盾するんじゃないのか?」西洋人がそう聞くと、日本人の捕虜は「いや、まあそういうことでもない」とけろっとしていたというのです。

これはやはり国民性の違いだと思います。

確かに矛盾なのですが、「そこは……、まぁ別にいいか」と思えてしまうのが日本人なのです。いい加減と言えばいい加減ですが、原理主義者になりにくい国民性ではあります。

日本人はとても勤勉なのに、こういうことに関してはいい加減でも大丈夫というのは、常に現実優先で目の前の問題に柔軟に対処する国民性を持っているからだと思います。

黒船を目にして、西洋のように近代化しなければ国を守れない、と思ったら、西洋文明を貪欲に吸収する。西洋の生活に触れてみて、西洋人の食べているものも悪くないし、着ている洋服もなかなかいいと思ったら、すぐにそちらに乗り替えていく。鬼畜米英と言っていた国民が、戦後すぐにアメリカ式の生活にあこがれる。

この柔らかさ、というかほとんど「軽さ」といったほうがいいような、変化に柔軟に対応していく力が日本人の真骨頂なのです。しかも、軽いのに「まじめ」なので、ものすごく成功してしまう。

もしそうでなかったら、自分たちの生活様式を頑《かたく》なに変えられず、これほど早く近代化できていなかったと思います。そして、これほどまじめでなかったら、ここまで成功できなかったことでしょう。

軽《かろ》やかでまじめ、そして原理主義者ではないというところが、日本人のよさなのです。

●なぜ「天皇原理主義」を信じてしまったのか

ところがその日本人が、明治維新のときに原理主義を強要されてしまいました。神道には依拠すべき根本教典が、旧約聖書やコーラン（クルアーン）のような絶対的存在としてはありませんでした。

明治政府は、このことを逆に利用したのです。『古事記』や『日本書紀』がありますが、さまざまな神話や物語が入り込んでいて、必ずしも近代国家の絶対的中心としての天皇が読み取れるものではありません。そこでどうしたのかというと、つくってしまいました。それが「教育勅語《ちよくご》」と言われるものです。

教育勅語（正式には「教育ニ関スル勅語」）は、明治天皇が当時総理大臣だった山縣有朋《やまがたありとも》と、文部大臣だった芳川顕正《よしかわあきまさ》に与えたお言葉ということになっていますが、実際には明治政府がつくったものです。

朕惟《チンオモ》フニ、我カ皇祖皇宗、國ヲ肇《ハジ》ムルコト宏遠《コウエン》ニ、徳ヲ樹《タ》ツルコト深厚《シンコウ》ナリ。我カ臣民、克《ヨ》ク忠ニ克ク孝ニ、億兆心ヲ一《イツ》ニシテ、世世《ヨヨ》厥《ソ》ノ美ヲ濟《ナ》セルハ、此レ我カ國體《コクタイ》ノ精華《セイカ》ニシテ教育ノ淵源亦實《エンゲンマタジツ》ニ此ニ存ス。爾臣民《ナンジシンミン》、父母ニ孝ニ、兄弟《ケイテイ》ニ友《ユウ》ニ、夫婦相《アイ》和《ワ》シ、朋友相信《ホウユウアイシン》シ、恭儉己《キヨウケンオノ》レヲ持《ジ》シ、博愛衆ニ及ホシ、學ヲ修メ業《ギヨウ》ヲ習ヒ、以《モッ》テ智能ヲ啓發《ケイハツ》シ、徳器《トクキ》ヲ成就《ジヨウジユ》シ、進《スス》テ公益ヲ廣《ヒロ》メ、世務《セイム》ヲ開キ、常ニ國憲《コクケン》ヲ重《オモン》シ國法ニ遵《シタガ》ヒ、一旦緩急アレハ義勇公ニ奉シ以テ天壤無窮《テンジヨウムキユウ》ノ皇運ヲ扶翼《フヨク》スヘシ。是ノ如《ゴト》キハ、獨《ヒト》リ朕カ忠 良《チユウリヨウ》ノ臣民タルノミナラス又以テ爾《ナンジ》祖先ノ遺風ヲ顯彰《ケンシヨウ》スルニ足ラン。斯《コ》ノ道ハ實《ジツ》ニ我カ皇祖皇宗ノ遺訓ニシテ、子孫臣民ノ倶《トモ》ニ遵守《ジユンシユ》スヘキ所、之ヲ古今《ココン》ニ通シテ謬《アヤマ》ラス、之ヲ中外《チユウガイ》ニ施《ホドコ》シテ悖《モト》ラス。朕爾臣民ト倶《トモ》ニ拳々服膺《ケンケンフクヨウ》シテ、咸其《ミナソノ》徳ヲ一ニセンコトヲ庶幾《コイネガ》フ。

政府はこの「教育勅語」を天皇皇后両陛下の「御真影」とともに全国の学校に配布し、学校ではみんながこれを暗唱しました。

天皇の言葉は当時は神の言葉ですから、ある意味、神の言葉である『聖書』や『コーラン』をみんなで読むというのと構図は同じですが、教育勅語の場合は、必要があってつくられたものだということが明らかな違いです。

だからこそ明治天皇の御真影とセットにする必要性があったのですが、考えてみれば、この御真影というのもなかなか不思議なものです。

御真影の天皇はヒゲを蓄え、腰にサーベルをつけた洋式の軍服姿をしているのです。

これに矛盾を感じないというのもすごいと思うのですが、その姿は天照大神の血を受け継ぐ現人神というより、中央集権国家として成立したプロイセンの王のような印象を与えるものです。そんな御真影を当時の日本人は日々拝んでいたのです。

ですからこれは、宗教心というよりは、社会主義国でよく見られる個人の神格化によって改革を進め、国家に統一をもたらすという手法に近いものだと考えられます。

この手法はとても危険なものです。神格化されたトップの人間は、その権力を維持するために非情な手段に出ることは歴史が証明しています。ソ連におけるスターリン、中国における毛沢東《もうたくとう》を考えてみても、多くの自国民を粛清《しゅくせい》という名のもと死に追いやりました。今では北朝鮮がその傾向にあります。

それに比べると天皇は、戦争による犠牲者はでましたが、自国民を粛清するということまではありませんでした。

狂信的な個人崇拝を活用したという点では似ていますが、粛清の名のもとに大量虐殺に至らなかったということでは、日本の原理主義時代はまだ幸せなほうだったのだと思います。

●新興宗教をどう考えるか

国家神道が、日本が戦争に突き進む一つの要因になったということもあり、戦後の日本人の心には、絶対的なものを一つ決めてしまうとあとで困るのではないか、という思いが刻まれました。

これは戦後日本のトラウマと言っても過言でないほど強いものですが、そんな中でも時々、新興宗教が力を持つことがあります。

その中でも最悪のものが「オウム真理教」でした。

自ら最終解脱者を名乗った教祖の麻原彰晃《あさはらしょうこう》が、テロを正当化し、信者が従ったことが事態を最悪に導いたわけですが、なぜオウムに人々が引き寄せられてしまったのか、ということはきちんと検証しておくべきだと思います。

まず挙げられるのは、日本に強い宗教がないということです。

もともと日本人は強い宗教を好まないので、強い宗教を求める人が現われたとき、その受け皿となる場所がなかったのです。

そんなときに、麻原が見せた空中浮揚《ふよう》のようなパフォーマンスが、強いインパクトを与えてしまったのではないかと思います。考えてみれば空中浮揚なんて何の意味もありません（しかも実際は浮揚などしていませんが）。もしブッダが見たら、「ふーん。で、浮いたからって、それが何？」と、まったく取り合わなかったことでしょう。

しかし、人のできないこと、いわゆる「奇跡」を目にすると、人はそこに意味があろうがなかろうが、やはり惹かれてしまうものなのです。

実際、イエスの周りに信者が集まるようになったきっかけも、死んだ人を蘇《よみがえ》らせたり、病気の人を治したり、といった奇跡（奇蹟）を行なったことがきっかけでした。

また宗教の持つ重要な要素の一つが、集団の中でしか体験できない高揚感です。信じている人たちが集まって祈ると、一体感が生まれます。一人で信じているより、みんなで信じているほうが気持ちは強く大きくなっていく。だからこそ、どんな宗教でも集団で祈るということを「儀式」として行なっているのです。

たとえば、イスラム教徒は日々メッカに向けて祈りを捧げることが義務となっていますが、その他に一生のうちに一度でいいのでメッカを巡礼することが義務づけられています。これを「ハッジ」と言います。

ハッジにはお金も時間もかかります。それでもハッジはイスラム教徒の大切な義務なので、みんなそれを目指して頑張るのです。ハッジは巡礼するコースが決まっていて、有名なカーバ神殿の周りをぐるぐる回るのは、メッカに着いて最初の大イベントです。

こうした高揚感を共に経験すると、コミュニティのつながりはさらに深まります。

誤解していただきたくないのは、新興宗教がすべていけないと言っているのではないということです。こうした宗教の効果は良い面もあります。

現代は血縁や地縁が薄くなり、多くの人が孤独を感じています。そうした中で宗教のコミュニティがもたらす集団意識は、安心を与えるものであるはずです。しかし、それらの効果は容易に悪用することができるということが、先のオウム事件で示されたのではないでしょうか。

また、宗教に属すと、たとえば朝の勤行《ごんぎょう》などいろいろしなければならないことが決まっているので、生活にリズムができて、整うというメリットもあります。これを徹底したのがイスラム教（イスラーム）だといえるでしょう。

私たち日本人は、いろいろ日常的なことが決められてしまっているのは窮屈《きゅうくつ》に思いますが、そのルールに慣れてしまった人にとっては、それに乗っているほうがいつも平静でいられるのだと思います。

部活などもそうですが、人はある程度厳しい戒律を持ったところに、所属していることへの誇りや愛着をより感じやすいようです。規律が厳しければ厳しいほど、練習が厳しければ厳しいほど、そこをくぐり抜けたことが、その人の一生の誇りになるからです。

だからこそ、宗教というのは、それがいい宗教なのかそうでないのかの見分けが難しい。悪い宗教は、人の弱みにつけ込むだけだからです。

［第3章］
西洋と日本人

明治維新で手に入れたものと失ったもの

●「実学」輸入の素地となった「漢学」の力

明治維新を機に、日本には西洋の学問や技術や社会システムが一気に流れ込んできました。その一気に流れ込んできたものを、日本人は頑張って受け止めました。

その頑張った日本人の象徴が福澤諭吉です。

なぜ福澤諭吉が象徴的なのかというと、彼は著書『学問のすゝめ』の中で「実学」というものを勧めているからです。

それまでの学問の中心は、儒教などの漢学でした。しかし、近代化が求められている今、漢学のような抽象的な学問はあまり役に立たない、これからはもっと具体的な学問が必要であるとして「実学」を推奨したのです。

ここで言う「実学」というのは、言葉を換えると「サイエンス」、今で言う「科学」ということですが、そこには西洋の鉄道技術や建築技術といった技術も含まれます。ですから、実学とは、実際にものをつくっていく学問、という意味でもありました。

そんな実学を推奨した福澤が一番嫌ったのは朱子学《しゅしがく》でした。

朱子学の「理気二元論《りきにげんろん》」は、「理」と「気」という二つの概念を使って、人間存在から宇宙全体まで説明します。しかし、そうした考え方からは近代的な科学技術は生まれてこないということを福澤は学んだからです。

つまり、福澤は西洋を見て、漢学者と呼ばれる人々が幅をきかせている限り、日本の社会は発展しないと痛感したのです。

しかし、いくら西洋式実学がいいと言って勧めても、一朝一夕に切り替えられるものではありません。学問を輸入するというのは、実はとても難しいことなのです。

中でも最大の問題は「言葉」です。その学問で用いている「概念」を説明する言葉がなければ、いくら理解しようとしても無理です。大阪の適塾《てきじゅく》で緒方洪庵《おがたこうあん》（一八一〇〜一八六三）に蘭学を学んだ福澤には、そのことが痛いほどわかっていました。

蘭学の中でも重要だったのは、医学です。医学はまさに実学です。杉田玄白《すぎたげんぱく》（一七三三

～一八一七)、前野良沢《まえのりょうたく》(一七二三～一八〇三)らは、オランダ語で書かれていた『解体新書《かいたいしんしょ》』という医学書を、大変な苦労をしながら解読しました。辞書がなかった当時、彼らはどうやって翻訳をしたのか。

たとえば鼻の説明には「顔の中でフルヘッヘンドしているもの」とありますが、「フルヘッヘンド」の意味がわかりません。しばらくして、他のところで「ゴミがフルヘッヘンドする」という表現を見て、これは「うず高くつもる」ということではないか、といったように類推できた。このように大変な苦労をして翻訳しているのです。

福澤もまた、西洋の実学を輸入するにあたり、日本語にはその概念すらない言葉を多くの人々が理解できるように、漢語の知識を駆使して新しい熟語をつくり出しています。

たとえば、「right／ライト」という西洋発祥の概念に「権理」あるいは「権理通義」という言葉を当てたのは福澤でした。「権利」ではなく「理(ことわり)」という字を用いている所がポイントです。

『学問のすゝめ』の第二編には、「地頭と百姓とは有様を異《こと》にすれども、その権理を異にするにはあらず。」とあります。

馴染みのない字面なので違和感があるかもしれませんが、「right」本来の意味を考えると、私は「理」のほうがよかったのではないかと思っています。理には、道理という一般原則のニュアンスがありますが、「権利」だと、どうしても「自分の利益を主張する」というイメージがついてしまうような気がするからです。

もちろん、こうした熟語づくりは、当時、福澤諭吉の他にも多くの人が行なっています。

たとえば、「philosophy／フィロソフィー」という言葉を翻訳したのは、新政府の官僚も務めた思想家・西周《にしあまね》（一八二九〜一八九七）という人物です。

西は、「philosophy」の意味「知を愛する学問」から、「希哲学」という熟語をつくり出しました。「哲」は優れた賢い人という意味なので、その賢さを希《こいねが》う学問ということで、「希哲学」としたのですが、いつの間にか「希」の一字が失われ、われわれのよく知る「哲学」という言葉が根付いたのです。

確かに「希哲学」と三文字だとちょっと長いし語呂が悪いので、使われていくうちに自然と脱落したのかもしれませんが、「希う」という動詞的な部分がなくなったことで、哲学という言葉に少し固定的なイメージがついてしまったような気もします。

たった一字が変わっただけで言葉のイメージが変わってしまうのですから、西や福澤たちは英語を漢語に訳すとき、大変な苦労と工夫をして訳したと思われます。

西周は、漢学の知識を用いて、多数の転用や造語を行なっています。たとえば、概念、具体的、抽象、演繹《えんえき》法、帰納法、定義、主観、属性、肯定、否定、積極、本能、理想、能動などの造語は定着し、現在の私たちの基本語彙となっています。

朱子学などの漢学ではダメだと言って実学を推奨した福澤ですが、その実学を大量に吸収するための素地として、漢籍の熟語力が非常に役立っていました。

福澤諭吉は、小さいころから漢学をやっていたので、さまざまな漢籍を何度も読み返していて、ほとんど暗記していたと言っても過言ではないほど頭に入っていました。そのため、いまの人には想像もつかないほど漢学ができたのです。だからこそ、福澤にしても西にしても、オランダ語や英語の意味を表わす訳語として、的確な漢字を選び出して熟語をつくるという、今にして考えればものすごいことができたのです。

●「システム」を輸入して社会を変える

明治の西洋化で日本は二つのものを獲得しました。一つは「合理的な精神」、もう一つは「社会システム」です。

先ほど「学問」を導入するのは大変なことだと申し上げましたが、「システム」を導入するのも本来は抵抗があるものです。なぜなら、そのシステムが社会に関わるものであればあるほど、社会そのものが変わってしまう可能性があるので、違和感や抵抗感が示されるのが普通だからです。

ところが、日本ではさほど大きな抵抗もなく、海外から社会の根本に関わるシステムを輸入することができました。たとえば、日本初の銀行「第一国立銀行（明治二十九年に第一銀行に改称）」が開業したのは明治になって間もない、明治六年（一八七三）でした。

銀行のシステムというものは、そう簡単に生み出せるものではありません。事実、資金を「預金」という形で市場から広く集め、それをいろいろな企業に貸し付けてビジネスの活性化を促すとともに、利益を出資者に一定の割合で還元するという一連の流れは、西洋社会の伝統の中で長い時間をかけてつくり上げられたシステムです。

この、ある意味完成された金融システムを、渋沢栄一が中心となって一気に導入したわけです。

それまでの日本にも、金融システムがまったく存在しなかったわけではありません。

「両替商」がその役を担っていたのですが、両替商の業務内容は、その名の通り金や銀の両替が中心で、現在の銀行業務とは異なるものでした。にもかかわらず、日本に銀行というシステムが導入されたとき、この事業を担ったのは元両替商の人たちだったのです。

市井《しせい》の人から集めた預金を他に貸し付けて利益を得るという銀行のシステムは、一見、個人の金貸しがお金を貸して利息をつけて返済するのと似ていますが、その本質はまったくの別物です。一番の違いは、信用を創造し、実際に存在するお金の金額以上の価値を社会にもたらすという部分でしょう。

この銀行という社会金融システムを理解して導入したわけですから、明治初期というのは科学技術以上にシステムの理解および導入に優れていたと言えます。

銀行だけではありません。日本人は、初めて出会ったはずのシステムの本質をすぐに理解し、実にさまざまなシステムを一気に導入しています。なぜそのようなことができたのでしょう。何しろこの時期の日本人は、憲法もきちんと翻訳してつくり、議会制民主主義のシステムまで即時導入しているのです。

議会制民主主義はいまだにうまくできていない国もあるぐらい難しいシステムです。でも、日本はそうしたシステムを先に導入して、選挙制度は後から時間をかけて整えていくということをしています。

なぜ日本ではシステムの本質をすぐに理解できたのか。そして、なぜ日本国民は、新しいシステムを躊躇《ちゆうちよ》なく受け入れられたのでしょう。

私はここにこそ「日本化」の本質が隠れているような気がしています。

日本人は新しい物を受け入れるとき、恐れずに柔軟に受け入れています。もちろんそこには日本人の識字率の高さや、向学心の高さ、好奇心の強さといったものも関係していると思います。でもそれ以上に大きいのが、受け入れたものをとても柔軟に自分好みの形に変えてしまう力があるからではないでしょうか。

銀行というシステムを入れると、気がつくと日本流の銀行システムになっている。

議会制民主主義というシステムを導入すると、気がつくと日本流の議会制民主主義ができあがっている。憲法も、最初は海外のものをそのまま導入しているのですが、最終的に制定された大日本帝国憲法は当時の日本人にとって違和感のないものに仕上がっています。

つまり、どれほど完成された外国のものを入れても、日本人はあまり意識せずに、自分たちに違和感のない形に変えてしまう関数「y＝f（x）」の「f」を持っているのです。

xに何を入れても、日本化（f）が行なわれて、日本流のyになって出てくる。ラーメンもカレーも鉄道システムも資本主義も日本流にアレンジされて取り入れられ、発展します。

どんなものを丸呑みしても、結局は自分たちにとって違和感のないいいものになる、ということがわかっているから、新しいシステムも恐れなく導入することができるのではないでしょうか。

●残った江戸と消えた江戸

「実学を基に個人と国家は独立していくのだ」という福澤の気概は国を動かし、実学に基づいた西洋化が国策として推進されていきました。

このとき国が目指していたのは、富国強兵でしたので、実学も殖産興業を中心に導入されていきました。つまり、国の主導のもと工業や産業が興《おこ》され、その利益が国家の発展に寄与していくという図式が展開されたのです。

それまでの日本でも、西洋技術は導入されていました。しかし、それはあくまでも各藩が独自に行なっていたことで、国家レベルの導入とはレベルも規模も違います。国が主導することで、近代化を国是として一気に推し進める号令が、天皇の名のもとに全国民にかけられ効率化が図られたのです。日本人は素直といえば素直なので、この号令一下、ものすごいスピードで近代化が進められていきました。その陰で、街では古いものが次々と壊されていきます。

私はこの時代のことを思うとき、一九七〇年代初頭の田中角栄《たなかかくえい》首相の時代の空気を思い出します。

当時は、田中角栄が打ち出した「日本列島改造論」のもと、日本中で大規模な土木工事が行なわれていました。海岸線はどんどん埋め立てられ、野山を削って列島の縦横に高速鉄道や高速道路が敷かれていきました。しかし、当時こうした工事を否定的に捉える人はほとんどなく、むしろこれによって日本は一層発展するのだと考えられました。

おそらく明治の日本人も、近代化の先に明るい未来しか見ていなかったのだと思います。

日本人は伝統を大事にすると言いますが、実は古いものを大事にする傾向は、日本よりヨーロッパの人たちのほうが強いでしょう。

事実、イギリス人は古いものほどいいという考えを持っています。そのため、街のあちこちに古い建物が大切に残されています。たとえば、ケンブリッジには、ニュートン（一六四三〜一七二七）が設計したと言われる「数学の橋」(Mathematical Bridge)や、ヘンリー六世（一四二一〜一四七一）が建てた礼拝堂（King's Chapel）など四〇〇年も六〇〇年も前の建物が今も現役で残っています。

イギリスでケンブリッジ大学やオックスフォード大学が揺るぎなき名門であり続けているのは、その教育レベルもさることながら、こうした「歴史」が大きな要因となっているのです。

それほど「古いことは素晴らしい」という思想を持っているイギリスですが、実はイギリス王室の歴史はそれほど古いものではありません。現在の王室どころか、ノルマン・コンクエスト(ノルマンディー公ギヨーム二世によるイングランド征服)まで遡ったとしても、一千年ちょっとの歴史しかありません。日本のほうがはるかに長い歴史を持っているのです。

イギリス同様、フランスも古いものをとても大切にしています。パリの街には今も現役の古い建物に人々が住み、昔の街並みが守られています。そのため観光客がパリの街を歩くと、印象派の画家たちが描いたころそのままの風景や、エミール・ゾラ（一八四〇～一九〇二）や、バルザック（一七九九～一八五〇）が小説で描写した景色を今も見ることができます。

でも、今の東京に江戸をイメージさせるものはほとんど残っていません。東京は江戸を跡形もないほどに潰して、西洋化してしまったからです。それだけではありません。東京の街は近代化だけでなく、大正時代の関東大震災や続く戦争の空襲でも繰り返し破壊されています。

明治から昭和にかけての時代を生きた作家・永井荷風《ながいかふう》（一八七九～一九五九）は、江戸情緒を求めたことで知られる人物です。彼の日記『断腸亭日乗《だんちょうていにちじょう》』（岩波文庫）を読むと、彼が切ないほどに江戸を求めて生きていたことがわかります。そんな彼が関東大震災に寄せた詩があります。

震災

今の世のわかい人々
われにな問ひそ今の世と

また来る時代の芸術を。
われは明治の兒《こ》ならずや。
その文化歴史となりて葬られし時
わが青春の夢もまた消えにけり
（中略）
われは明治の兒なりけり。
或年大地俄《にわか》にゆらめき
火は都を焼きぬ。
柳村先生既になく
鷗外漁史《ぎょし》も亦《また》姿をかくしぬ。
江戸文化の名残煙となりぬ。
明治の文化また灰となりぬ。

（『偏奇館吟草』より）

永井荷風は、江戸も明治も震災ですべてが失われたと嘆いています。

震災の後も、東京は大空襲で焼け野原になりました。しかし、このときも日本人は江戸時代を懐かしんで江戸情緒を偲《しの》ぶような街づくりをすることはありませんでした。東京は常に新しいものを積極的に取り入れる街づくりをしてきたのです。

もちろん、日本のすべての街が東京のように昔の姿をなくしたわけではありません。京都など古い建物がたくさん残っているところもあります。でも東京は昔のものはあまり頓着なく、「そういえばなくなったけれど、まあいいか」という感じで変化を受け入れてきました。

東京の街は変わりましたが、永井荷風がそうであったように、江戸情緒というものを懐かしむ文化人は何人もいました。夏目漱石もその一人です。彼は英文学者でイギリスに留学していますが、折々に漢詩を朗誦したり、日本の俳句や和歌、自然を味わう情緒が失われてしまうことを惜しみました。『草枕《くさまくら》』のような作品には、そうした漱石の思いが込められています。

そういう意味では東京の街並みから江戸は失われてしまいましたが、日本人の情緒の面では、江戸というものを引き継ぎたいという人は結構いたのです。

日本は難しい世界環境の中で、国を挙げて近代化しつつも、情緒的な部分と国民道徳という面で、江戸時代からの流れを残すという絶妙のバランスを保ちつつ、新たな国づくりをしていたのです。

でもそれができたのは、日本が共産主義化されなかったということも幸いしていると思います。もしも日本が共産主義化されていたら、中国がそうであったように、革命の名のもとに多くの漢籍が棄却されたり、知識人が粛清されるという悲劇が起きていた危険性もなくはないからです。

そうなっていたら、日本人の心から江戸は完全に失われていたかもしれません。

●日本的西洋化の典型、学校教育

日本は西洋のものを取り入れながら、日本人の好みに合った形に変えて根付かせるという日本的西洋化を行なってきました。そんな日本的西洋化の典型が、「学校教育」です。

明治以降の学校教育ももちろん、もともとは西洋のものです。西洋の学校システムを日本人はまるまる導入したのですが、これがあまりにも日本人にはまってしまいました。

学校システムの最大の特徴は、実は「時間」にあります。何時に登校して、何時に下校する。また、授業は時間割に従って、決まった時間にきちんと行なわれます。

今私たちは、こうした決められた時間に従って物事が動いていくことを当たり前だと思っていますが、学校ができる以前の日本の農村には現在の分単位の「時計」というものがありませんでした。時計など必要なかったからです。夜が明けたら田畑で仕事をして、太陽が高くなったら弁当を食べて、日が傾いたら家に戻る、そんな生活ですから、だいたい何どきかわかればそれで充分という、非常にアバウトな時間感覚の中で生きていたのです。

ところが、学校ができたことで、正確な時間を知ることが必要になりました。正確な時間がわからないと、学校に遅刻してしまうからです。

当時の農村の各家庭に時計がすぐに普及したかどうかはわかりませんが、少なくとも学校には時計があって、その学校の時計に合わせて各家庭が時間を意識しなければいけなくなったことは確かです。つまり、学校ができたことで、日本人は初めて「時間」というものを明確に意識するようになったのです。

これは日本人の生活に、とても大きな変化をもたらしました。

何しろ、親は時間を意識する必要がない農民でも、子どもは全員が学校に行かなければならないので、結局、学校の時間感覚に子どもだけでなく大人も合わせなければならなくなったからです。

普通は、今まで意識しなくてよかった時間を意識しなければならなくなると、面倒くさく感じるものですが、なぜか日本人には、時間できっちり管理された状態が心地よく感じられたのです。

それ以前の日本には一斉《いっせい》授業というのは行なわれていませんでした。寺子屋では先生の言うことをみんなで復唱しますが、基本的には子どもたちがそれぞれ行きたい時間に行って、先生と一対一で課題をもらうというのが基本スタイルでした。吉田松陰の松下村《しょうか》塾《そんじゅく》も、塾生が大人だったという違いはありますが、やはり、それぞれが適当な時間に行って、先生に習って帰るという自由なスタイルがとられていました。

家と先生も知り合いのケースがほとんどで、システムというよりは個人的な信頼関係のもとに教育が行なわれていたのです。ですから、生徒の態度が悪いと、先生が「お家に帰りなさい」と言うこともできました。

それに比べ、学校はものすごくシステマティックで、どのクラスも同じように授業が行なわれなければなりません。そうした画一化された環境では、個人の自由とか個性といったものが潰されるという抵抗感が、普通はあるものなのですが、日本人の場合はむしろみんなで同じことをやることに安心感を覚えたのです。

たとえば制服を着るとか、みんなでいっせいにお弁当を食べるとか、決まった時間に一緒に遊ぶとか、そういうほうが安心できるし、むしろのびのび過ごせるという、規律訓練を好む性質が日本人にはあるのです。

いっせいに清掃をまじめにやる、というのも、日本の学校では徹底されました。清掃を業者が行なうのではなく、生徒たち自身がきちんと行なうことが教育の一環とされました。

フランスの思想家・ミシェル・フーコー（一九二六〜一九八四）は、『監獄の誕生―監視と処罰』（新潮社）という著書の中で、学校化された環境で、みんなが一律に規律訓練されるという状態は監視社会につながるとして批判しています。

しかし日本人は、この規律訓練された状態に、むしろ居心地のよさを感じてしまったと言えます。その結果、日本人が元来持っている知的好奇心や向上心、向学心といったものと学校のシステムがいい感じではまったのです。

その効果は、学生教育だけに留まりませんでした。

多くの企業が学校に似たシステムを導入し、定時出社で勤務し、社内教育を充実させました。こうして瞬《また》く間に日本の生産性が向上したのです。こうして、すべてを学校のようにすればいいという、いわば「学校化現象」が起きたのです。

いまトヨタなど日本の企業スタイルが非常に高く評価されています。世界に誇るトヨタのＱＣ（品質管理）システムも、張り紙や無駄をなくす工夫も、掃除や整理整頓の徹底も、すべて基本は、日本の小学校でやっていたことと同じです。そもそも朝礼から始まり、反省会で終わるという日々の業務そのものが、まさに「学校化」されています。

こうした学校化（＝日本化）した企業は、いまでは海外に進出し、逆にその制度を輸出しています。アジアで現地工場を立ち上げるとき、日本企業は朝礼や体操といった制度を現地の人にも教えています。その風景を見ると、「ああ日本の企業だな」と思うと同時に、「これは学校だよな」とつくづく思うのです。

●芸術の西洋化と日本芸術の沈滞

明治の近代化で、著しく停滞してしまったものが一つあります。

それは芸術です。

西洋の実学を手本に近代化を推し進めたことで、芸術の世界でも、日本画や浮世絵など国産の芸術の評価が下がり、西洋画こそが素晴らしい芸術なのだという評価が生まれてしまったからです。

実は、こうした西洋偏重傾向は、芸術面だけでなく、文学の世界でも吹き荒れていました。しかし、文学の世界では、夏目漱石によって日本の近代文学が花開いたことで乗り越えることができたのです。

夏目漱石は、二葉亭四迷らが切り拓いた言文一致体の作品で日本文学の新時代を推し進めました。

これがいかに画期的なことかは、同時代の作家である幸田露伴や森鷗外の作品を見るとよくわかります。漱石の作品は、ごく自然に読むことができますが、露伴や鷗外の作品は漢文調と江戸言葉が混在した文語体なので今は読むのが難しくなっています。


吾輩は猫である。名前はまだ無い。

どこで生れたかとんと見当がつかぬ。何でも薄暗いじめじめした所でニャーニャー泣いていた事だけは記憶している。吾輩はここで始めて人間というものを見た。しかもあとで聞くとそれは書生という人間中で一番獰悪《どうあく》な種族であったそうだ。

（夏目漱石『吾輩は猫である』）

木理美《もくめうるわ》しき槻胴《けやきどう》、縁《ふち》にはわざと赤樫《あかがし》を用ひたる岩畳《がんじよう》作りの長火鉢に対《むか》ひて話し敵《がたき》もなく唯《ただ》一人、少しは淋しさうに坐り居る三十前後の女、男のやうに立派な眉を何日掃《はら》ひしか剃《そ》つたる痕《あと》の青々と、見る眼も覚むべき雨後の山の色をとゞめて翠《みどり》の匂ひ一トしほ床《ゆか》しく、鼻筋つんと通り眼尻《めじり》キリ〻と上り、洗ひ髪をぐる〳〵と酷く丸めて引《ひっ》裂紙《さきがみ》をあしらひに一本簪《いっぽんざし》でぐいと留めを刺した色気無の様はつくれど、憎いほど烏黒にて艶ある髪の毛の一《ひ》ト綜二綜《ふさふたふさ》後れ乱れて、（以下略）

（幸田露伴『五重塔』）

石炭をば早《は》や積み果てつ。中等室の卓《つくえ》のほとりはいと静《しずか》にて、熾熱燈《しねっとう》の光の晴れがましきも徒《いたずら》なり。今宵《こよい》は夜毎《よごと》にここに集《つど》ひ来《く》る骨牌《カルタ》仲間も「ホテル」に宿《やど》りて、舟に残れるは余《よ》一人のみなれば。

（森鷗外『舞姫』）

なぜ夏目漱石が、新しい文学を生み出すことができたのかというと、実は、西洋文学を学ぶためにロンドンに留学したとき、ノイローゼになったお陰なのです。漱石はロンドンの下宿で、こんなに西洋人にばかにされるのはうんざりだ、自分は英文学を勉強しているけれど、もうこれからは自分の理論でやらせてもらう、とある意味開き直ったのです。

そのときの思いを、漱石は次のように述べています。

私はこの自己本位という言葉を自分の手に握ってから大変強くなりました。彼ら何者ぞやと気慨が出ました。今まで茫然と自失していた私に、ここに立って、この道からこう行かなければならないと指図《さしず》をしてくれたものは実にこの自我本位の四字なのであります。

自白すれば私はその四字から新たに出立したのであります。そうして今のようにただ人の尻馬にばかり乗って空騒ぎをしているようではははなはだ心元ない事だから、そう西洋人ぶらないでも好いという動かすべからざる理由を立派に彼らの前に投げ出してみたら、自分もさぞ愉快だろう、人もさぞ喜ぶだろうと思って、著書その他の手段によって、それを成就するのを私の生涯の事業としようと考えたのです。

（夏目漱石『私の個人主義』）

自分は自分が望むものをやっていいんだ、西洋からの借り物ではなく、自分で理論を打ち立てていいのだ。懊悩《おうのう》を乗り越え、やっとそう思えるようになった漱石が創作活動を始めた最初の作品が、『吾輩は猫である』でした。

世間の人々は、日本語でこんなにおもしろいものが書けるのか、と驚きました。その後も漱石は『坊っちゃん』や『草枕』『虞美人草《ぐびじんそう》』などいろいろな作品を発表していきました。漱石のもとには多くの門下生が集まり、作家として育っていきました。芥川龍之介《あくたがわりゅうのすけ》（一八九二〜一九二七）や内田百閒《うちだひゃっけん》（一八八九〜一九七一）、中勘助《なかかんすけ》（一八八五〜一九六五）などもそうした門下生のひとりです。

この流れは絶えず、多くの文豪が活躍した結果、いまでも文芸は盛んなわけです。

文学はこうして西洋という壁を乗り越え、新たな世界を切り開くことができましたが、日本の画家はなかなかこの壁を乗り越えることができませんでした。もちろん、藤田嗣治《ふじたつぐはる》（一八八六～一九六八）や梅原龍三郎《うめはらりゅうざぶろう》（一八八八～一九八六）など、西洋画において独自の世界を切り開いた人もいます。

しかし、それまで日本画の世界で培《つちか》ってきたものは正当には評価されず、浮世絵ですら海外で評価されるまでは日本では見向きもされなくなってしまうのです。

たとえば、葛飾北斎《かつしかほくさい》（一七六〇～一八四九）などは江戸時代の人間ではありますが、単に絵がうまいだけでなく独創性も高いので、もし当時、世界ランキングがあれば、トップテンに入ってもおかしくないくらいの人だと思うのですが、浮世絵だというだけで、明治以降は不当に低い評価しか与えられていませんでした。

ボストン美術館が北斎の名品多数ほか、膨大な浮世絵を所蔵しているのは、幕末以降の流出の結果です。欧米人のほうが日本美術の価値がわかっていたのです。

西洋絵画こそが素晴らしいという思い込みと、西洋に対するコンプレックスが、日本人に正しい判断力を失わせ、江戸時代にあった日本芸術の蓄積をどのように位置づければいいのかわからなくなってしまったのです。

俳句や和歌なども、明治になると急に失速してしまいます。

正岡子規《まさおかしき》（一八六七～一九〇二）がなんとか復興させようとして、明治初期に俳句を見直し、和歌を刷新する運動を起こしています。

他にも、これは以前、能の先生に伺ったのですが、能も明治の最初はまったく食べていけないという大変な時期があったそうです。江戸時代の能は、武士のたしなみとしてそれなりに保護されていたそうですが、明治時代になるとそうした保護は一切なくなり、存続さえ危ぶまれたそうです。

こうして西洋文化の流入によって、それまでの日本文化を支えていた芸術や芸能が存続の危機に瀕《ひん》することになりました。しかし、各界の才能ある先人たちの努力によって現代に引き継がれたと言うことができるでしょう。私たちはその意味を今一度よく考えてみる必要があると思います。

アメリカへのあこがれと西洋コンプレックス

●戦後失われた社会の軸

敗戦は、日本を大きく変えました。

戦前の価値観が、上下の秩序抑圧に働いたのではないかという見方がされ、戦前のものは明治時代のものも大正時代のものも、昭和二十年以前のものは全部、「戦前」というひとくくりにされ廃止されてしまったからです。

当初その中には、武道も含まれていました。

作家の三島由紀夫《みしまゆきお》（一九二五〜一九七〇）は、ＧＨＱ（連合国軍最高司令官総司令部）が武道を禁止したことに対し、次のように述べています。

かつてアメリカ占領軍は剣道を禁止し、竹刀競技の形で半ば復活したのちも、懸声《かけごえ》をきびしく禁じた。この着眼は卓抜なものである。あれはただの懸声ではなく、日本人の魂の叫びだつたからである。彼らはこれらをおそれ、その叫びの伝播《でんぱ》と、その叫びの触発するものをおそれた。

（『「変革の思想」とは』決定版三島由紀夫全集36／新潮社 所収）

しかし、その武道以上に日本人の精神性を変えたのは、儒教に基づく道徳教育の喪失でした。

それまで「修身」という科目で教えられてきた儒教的道徳は、戦後、学校で習うことはなくなります。それに伴い、『論語』を暗唱できる小学生もほとんどいなくなりました。

敗戦から一三年後の一九五八年、理性ある社会人を育てることを目的とした「道徳」の授業が始まりますが、その中身は残念ながらはっきりとしないものでした。儒教はこれまでの流れから用いることはできないし、かといってキリスト教道徳を持ってくるわけにもいかない。そんな道徳の柱がない状態での授業になってしまったからです。

実際、私自身が経験した道徳の授業は、ＮＨＫＥテレで放送していた教材番組を見るだけという、おざなり感の拭《ぬぐ》い得ないものでした。ほかの教科は国語でも算数でも社会でも、先生たちがものすごく研究を重ね、きちんとした授業が行なわれていたのに、道徳だけは何か気が抜けたようなところがあったのです。

今にして思えば、先生も何を教えていいのかわからなかったのでしょう。下手なことを教えると修身みたいになりかねず、右翼的に見られてしまうことを恐れた、ということもあったかもしれません。

こうして、「道徳」という授業はあるけれど、その中身ははっきりしないという時代が、戦後七〇年、ずっと続いてきてしまったのです。

その結果、日本人は人としての生き方の柱というか、精神の背骨と呼べるものを失ってしまったように思います。もちろん、道徳の授業ばかりが理由ではありませんが、一つの象徴のように感じられます。

ところが、二〇一五年ついにそんな状態に一石が投じられました。文部科学省がそれまで課外活動の領域に留められていた「道徳」の授業を、特別教科に格上げすることを決めたのです。小学校では二〇一八年度から、中学校では二〇一九年度から実施されることが決まりました。

「教科」にされると何が変わるのかというと、評価がつけられるようになるのです。いままでは、成績表に評価がつかなかった道徳が、特別教科になることで、成績の評価がつけられる、ということです。

評価をする以上、そこには明確な判断基準が必要になります。そのためこれからは、道徳にもきちんとしたカリキュラムが用意されることになるでしょう。

しかし、肝心の教科としての道徳の中身に何を入れるのかということは、やはり、まだ決まっていないようです。

愛国心を教えたいという意向を持つ人もいるようですが、そもそも愛国心というものを評価したりできるのかという問題があります。無理に教え込めば、戦前の反省が活かされていないことになります。人生を考えるための軸を育てる教育をどのようにすべきか、考えていかなければなりません。

●西洋コンプレックスを払拭するための闘《たたか》い

日本に「日本的な思想」と呼べるものはあるのでしょうか。それを考えるには、日本人の西洋コンプレックスについて、まず触れなければなりません。

近代化の波とともに、西洋の思想が一気に入ってきたことで、日本人は一時期、どの分野でも日本人が太刀打《たちう》ちできるものはないのではないか、と自信を失ってしまいました。西洋へのあこがれは、いつしか西洋こそが正しいという「西洋コンプレックス」に変わってしまったのです。

実際、科学の分野で日本人が本当の自信を持つことができたのは、湯川秀樹《ゆかわひでき》（一九〇七～一九八二）博士がノーベル物理学賞を受賞したときでした。

湯川博士がノーベル賞を受賞したのは、昭和二十四年（一九四九）のことです。日本にはそれまでにも立派な研究者はたくさんいたのですが、どこか自信のないところがありました。やはり敗戦ということが大きな理由でしょう。

そんな中、湯川博士が世界的に、絶対的な評価を持つノーベル賞を受賞したのです。これで日本人は、やっと心から「日本人もできるんだ」という思いを持つことができたのです。

しかし、西洋コンプレックスを持ちつづけてきた期間が長過ぎました。あまりにも長い間西洋コンプレックスを持っていたため、日本人にとってそれはある意味当たり前の感覚になってしまったのです。それが顕著に現われた例が先に見た美術や学術などの面です。たしかに西洋を見習うべき点は多くありました。しかし、これでは日本の持つ良さを失ってしまうことになりかねません。それを防ぐには、まず西洋コンプレックスから脱する必要があります。

この西洋コンプレックスを払拭するための戦いを、英語とクラシック音楽という、最も日本人が西洋に追いつきにくい分野で挑んで克服した親子がいます。英語の分野で戦いに挑んだのが父親の斎藤秀三郎《さいとうひでさぶろう》（一八六六〜一九二九）、そして音楽の世界で戦いに挑んだのが息子の斎藤秀雄《さいとうひでお》（一九〇二〜一九七四）でした。

斎藤秀三郎は、明治・大正期を代表する英語学者です。彼の最大の功績は、英文法という「型」をつくって、日本人もきちんとやれば英語はできるようになるということを教えて、日本人の英語学習に大変大きな貢献をしたことです。

チェリストであり指揮者であった斎藤秀雄は、西洋のクラシック音楽を研究して、日本人が西洋人に追いつくためには「型」から入ったほうが早いと、日本人用に指揮の運動をメソッド化することで、多くの弟子を育てました。日本を代表する指揮者の小澤征爾《おざわせいじ》氏も、彼の門下生のひとりです。

斎藤秀三郎とその息子、秀雄。二人は分野こそ違いますが、「型」をつくることで西洋コンプレックスを乗り越えたという意味では、二人の戦い方はとてもよく似ています。

いまや日本は、クラシック音楽の分野でも非常に優れた演奏者がたくさんいますし、クラシックバレエの世界でも日本人がいろいろなコンクールで優勝するようになりました。

実は、クラシックバレエには、もともとフランス王ルイ十四世（一六三八～一七一五）がつくった「型」があります。日本人は「型」を練習するということにおいては非常にまじめなので、「型」があったほうが克服しやすいという斎藤親子の着眼点は、まさに的を射ていたのかもしれません。

●英語という最大の壁

世界がインターネットで結ばれ、グローバルな時代になったことで、英語が世界の公用語に近い存在になってしまいました。これは、日本人にとってはつらい現実です。なぜなら英語は、私たち日本人の西洋コンプレックスの中でも最たるものだからです。

実は、英語を読むということについては、日本の英語教育はある程度成功しています。

ところが、聞く、話すということになると、英語の音と日本語の音の違いも大きく、どうしても難しいところがあるのです。

日本語の発音は比較的シンプルなので、英語だけでなく、かつて中国語を取り入れるときも音で苦労しています。中国語では異なる発音の漢字が日本語では同じ音読みになっています。

英語が世界の公用語化したことで、世界に「英語帝国主義」とでも呼べる状況が生まれてしまいました。

このピラミッドの頂点に位置するのは、英語が母語の人たちです。その次が英語を母語とする国に植民地化されたことで、英語を話すようになった国の人たち。その次は、中国語のように、英語に近い構造の言語を母語とする国の人たちです。そしてヒエラルキーの最下層に位置するのが、英語と構造が異なる言語を使う国の人たちです。この最下層の代表が、残念ながら日本語を母語とする日本人なのです。

そのためなのでしょう、最近、日本人家庭の子どもなのに、小さいころからインターナショナルスクールに入れたり、ブリティッシュスクールに入れたりする両親が増えています。

私は前に述べたように、日本語こそが日本人をつくるのだと考えています。グローバル化する世界において、英語が必要であることは間違いありませんが、それは日本語教育をおろそかにしてよいということではありません。

私が『にほんごであそぼ』（NHKEテレ）という幼児番組に総合指導として携わることが決まったときに、番組を通して「日本語は素晴らしいんだよ、日本語は美しいんだよ」というメッセージを幼児たちに叩き込むような番組づくりを目指しました。それは、美しい日本語を身につけることで日本人の心を大切にできる人になってほしいと思っているからです。

われわれ日本人が抱える西洋コンプレックスは、子どもたちを外国風に育てることで克服できるものではありません。日本人でありながら、西洋を学び、乗り越えていく必要があると考えています。

●美意識を変えることの難しさ

日本人の西洋コンプレックスは、容姿《ようし》の面でも根深くあります。

日本的な顔というのは、どちらかというとあまり凹凸がはっきりしない「地味目な顔」です。ヤマザキマリさんのマンガ『テルマエ・ロマエ』の言葉を借りるなら、「平たい顔の民族」なのです。

平たい顔の、目の小さい人たち……、まさに私もそうなのですが、そうした容姿にコンプレックスを感じている人は確かにたくさんいます。特に女性は大きくパッチリとした二重まぶたの目になりたいという強い願望を持つ人が多いようです。

最近では、そんな女性の願いを叶える「デカ目機能」を搭載したプリクラが人気になっています。その理由は、「西洋人のようなぱっちりお目々のほうが美しい」という美意識を、日本人がなかなか払拭《ふっしょく》できないでいるということだと思います。

顔と同じように、日本人はスタイルについても長い間、西洋人の長い手足にコンプレックスを持っていました。

そのため、日本のマネキンはほとんど西洋人のような顔とスタイルをしていて、コマーシャルに登場するモデルもかつては西洋人が多数派でした。顔は整形で変えられても、スタイルまでは変えられません。日本人の低身長、胴長短足はしかたないのかもしれない、と思っていたのですが、最近の若者を見ると感動すら覚えます。

正座をしなくなったせいなのかどうかわかりませんが、みんな足が長くなって、シュッとして、とてもスタイルがいいのです。正直言って、これほど短期間で日本人のスタイルがここまでよくなるとは思っていませんでした。

ファッションも、この二、三〇年で進化し、「かわいい」ファッションでは世界をリードするようになりました。

こうしたことを考えると、実質的に日本人が西洋に対してコンプレックスを感じるような場面は少なくなっているはずです。正直、外国に行っても取り立てて驚くこともなくなりました。さすがにグランドキャニオンの雄大さには驚きますが、都市部では、明治の最初のころの使節団が感じたような驚きを私たちが感じることはありません。

明治の視察団の中には、ヨーロッパに着いただけで泣く人もいたぐらい感動し、見るもの聞くもの珍しく、驚きの連続だったと言います。そのうえ、フランス人に「日本人も口から食べるんだ」と言われて嘆いたとか、本当に彼らは天地がひっくり返るような驚きを体験したのです。

そこまでの驚きを私たちはもう感じることはありません。それなのに今でも心の中ではコンプレックスと戦っているのです。

しかし、今や幻影かもしれない西洋コンプレックスをいつまでも内に持ち続けていることが、新しいものを競って取り入れる「進取の気象」を刺激して、日本を進化させているのもたしかなことなのです。

「日本」はどこにある？

●日本の思想はどこから来たか？

長い間、中国に学び、近代になってからは西洋に学んだ日本は、文化ではなかなか外国に追いつけない、とりわけ哲学や思想の面では外国に学ぶしかない、と思い込んできました。

しかし、日本のものなど何もないと言われていた中でも、「そんなはずはない、日本の思想といえるものが何かあるはずだ」と考えた人がいました。

それが、第1章でも触れた賀茂真淵と本居宣長です。

万葉以来、和歌の伝統は途切れることなく続いてはいました。しかし、江戸時代の勉強の中心は儒学だったため、日本の古典、それも和歌集である『万葉集』を研究しようとする人はいませんでした。

ましてや『古事記』にいたっては、本来なら日本最古の文献であるうえ、神話が全部詰まっているのですから、最も大切にされてもいいはずなのに、読み方がわからないということもあって、ほとんど顧《かえり》みられることなく忘れ去られていました。

これは、中世の『聖書』のように、権威として大事に保管されていた、というのとは違います。『聖書』はもともとギリシャ語で書かれていましたが、ローマ帝国がキリスト教を国教としたことで、ローマの言葉であるラテン語に訳され、聖典として教会に保管されるようになっていました。

しかし、それも中世になると次第に読める人が少なくなり、逆に読める人がいなくなったことで、教会は『聖書』を「権威の象徴」として秘匿するようになりました。ちなみに、この、一般では読めなくなっていた『聖書』を、みんなが読めるかたちにしよう、ということで翻訳・出版したのが、マルティン・ルターの宗教改革です。

『古事記』は『聖書』のように権威の大もととして大切に秘匿されていたわけではありません。当時は徳川の天下ですから、天皇の出自に関わる『古事記』など、ほとんど権威はなく、読もうとする人すらいなかった、と言ったほうが現実に近いのです。

そうした中、先述したように、「松坂の一夜」で賀茂真淵と本居宣長が出会い、「私は『万葉集』をやったけれど、もう余命は短く、『古事記』の研究はとてもできそうにない。しかし、大和心《やまとごころ》を知るには『古事記』こそ大事なので、君には是非『古事記』をやってもらいたい」と、賀茂真淵から本居宣長に思いが託されたのです。

その後、二人は一度も会うことなく、手紙のやり取りだけで研究が進められ、長い年月を費やして本居宣長がついに『古事記伝』を完成させるのです。

これは、実は日本にとって非常に大きな意味を持つことでした。

なぜなら、本居宣長が研究したおかげで『古事記』が読めるようになり、『古事記伝』が出版され、それが後に水戸学につながり、日本の権威の大もとはやはり天皇にあるということが確認される基礎資料となっていったからです。

こうして『古事記』は日本における『聖書』的な輝きを持つようになり、やがて大政奉還を経て明治維新が起こるわけです。

ですから「維新」と言いますが、その実態は「王政復古の大号令」なので、新しくなったというよりも「復古」だったのです。つまり日本は、西洋のものを取り入れて近代国家にしようというその矢先に、実は日本で一番古いものを持ち出して前面に立てていたのです。

そうした事情があったからこそ、仏教ほど理論的体系がしっかりしていなかったにもかかわらず、天皇親政の正統性を裏付けるものとして、国家神道を盛り立てていかなければならなくなったのです。

本居宣長は別に天皇の権威を高めるために『古事記』の研究をしたわけではありません。日本人の心「大和心」と中国人の心「漢心《からごころ》」は違うはずだ、では、大和心はどこにあるのか、ということで『古事記』に行き着いたのです。

ですから、本居宣長は『源氏物語』についても研究して『源氏物語玉《たま》の小櫛《おぐし》』という注釈書を書いています。

江戸時代、『源氏物語』も一般の人々にはほとんど読まれていませんでした。難しいうえに、中身が色恋の話ばかりだったからです。しかもその色恋はただの色恋ではありません。義理のお母さんと関係を持ったり、いろいろな女性と関係を持って、そのあげくに生霊に悩まされたり。また、若紫《わかむらさき》のように幼い少女を引き取って自分好みに育てるなど、ややこしいうえに、ちょっと不義の匂いのする話ばかりなのです。

江戸時代は儒教的な道徳心が浸透していたので、そうした『源氏物語』の世界観が道徳観と相容れないということもあって、作品評価は低かったのです。

このように、道徳的な観点から、評価が低かった『源氏物語』を、本居宣長は、武士道が日本の心とは思わない、なぜなら武士道のもとには儒教があるからだ、として、新たに大和心に注目して『源氏物語』を再評価したのです。

こうして本居宣長は、『源氏物語』を通して「もののあはれ」というものを見いだします。それは彼の師である賀茂真淵が、『万葉集』の研究を通して発見した日本人の精神の強さ「ますらおぶり」に次ぐ大和心の発見でした。

いまでもほとんどの日本人が、「もののあはれ」という言葉だけは知っていると思います。正確な意味を説明しろと言われるとちょっと困るかもしれませんが、なんとなく、そのイメージだけは感じ取ることができているのではないでしょうか。

「もののあはれ」とは、ごく簡単に言うと、日本人の持つ「はかないものを愛するやさしい気持ち」です。「あはれ（憐れ）」というと、今では「かわいそうだ」という意味に使われていますが、古語では「しみじみとした感慨や情趣」、「身にしみた感動」、「さびしさ」、「愛情」、「人情」を意味していました。

「もののあはれ」の「もの」はいわゆる物体ではなく、一つの現象を表わしているので、

「もののあはれ」とは、一切なく、やわらかく、心が動き出して、弱いものや小さいもの、はかないものに心が寄り添う、ということなのです。

『源氏物語』は、登場する女性たちの生き方自体がすでにはかないものです。そんな女性たちには、藤壺《ふじつぼ》とか夕顔《ゆうがお》、花散里《はなちるさと》というように花に因《ちな》んだ名前が多く見られます。これもはかない女性たちを、美しくもはかない花に見立てるというひとつの仕掛けと言えます。

また、『源氏物語』は、主人公の光源氏でさえも、はかない最期を迎えるというように全編「はかなさ」に満ちているのです。

本居宣長は、学問をするなら漢学という時代の価値観に囚《とら》われず、「大和心」というものに着目して『源氏物語』を読むことができたからこそ、それまで誰も見いだせなかった「もののあはれ」という日本人の心を発見することができたのです。

これは非常に大きな学問的功績です。なぜなら彼が行なった日本人の心の再発見は、日本の「価値観の転換」につながっていくからです。そして、この価値観の転換があったからこそ、国学が隆盛となり、日本は明治維新を起こすことができたのです。

●初めての「日本の哲学」と京都学派

明治維新を機に、日本は西洋化されていきます。

では、西洋化以降の「日本の思想」はどうかというと、正直なところ、しばらくは翻訳だけで手いっぱいでした。

福澤諭吉は大変立派な人物で、西洋の人権思想に基づいて日本のこれからのあり方を指し示した人ではあるのですが、世界思想史とか世界の哲学というジャンルで「これを始めた人」と位置づけられるタイプではありません。福澤は、基本的には啓蒙思想家として位置づけられる人だと思います。

では、西洋の哲学・思想を踏まえたうえで、初めて本格的に「日本の哲学」、あるいは「日本の思想」と言えるものをつくったのは誰なのでしょう。

私は西田幾多郎《にしだきたろう》（一八七〇〜一九四五）だと思います。彼は「京都学派」といわれるものの源流になった人です。

西田幾多郎はもともと石川県の人です。石川県はこの時代、もう一人、鈴木大拙《すずきだいせつ》（一八七〇〜一九六六）という仏教学者を輩出しています。西田幾多郎と鈴木大拙は、同郷で、しかも交友関係にあったことで、二人の思想には共通する部分が見られます。

西田幾多郎の哲学は、西洋哲学を勉強したうえでそれを全部廃棄するという大胆な試みがなされています。それまでこうした本格的な哲学の試みをする人が日本にはいなかったため、大きなインパクトをもって迎えられます。

そんな彼の哲学は「絶対無の哲学」と言われ、後に田邊元《たなべはじめ》（一八八五〜一九六二）や九鬼周造《くきしゅうぞう》（一八八八〜一九四一）、和辻哲郎、さらには三木清《みききよし》（一八九七〜一九四五）へと流れていきました。これが「京都学派」と呼ばれているものです。

●西田幾多郎が拠《よ》り所《どころ》とした「無」

西田幾多郎が京都大学で教えていたとき、彼は「無」を中心に据えた思想を展開していました。これはごく簡単に言うと、いろいろなものを成立させている根底には絶対的な無の世界がある、という考え方です。

私たちは普段、私があるものを意識するとか、私とあなた、といった二元論で世界を捉えています。つまり、「私」という主体的な意識があって、それが何かを感じたり、行動したりするのだと思っている、ということです。これに対して西田は、実はそういう考え方がすでに西洋的な思い込みなのだ、と言うのです。

通常、経験といわれているものは、すでにその内に何らかの思想や反省を含んでいるので、厳密な意味では純粋な経験とはいえない。純粋経験とは、一切の思慮分別の加わる以前の経験そのままの状態、いいかえれば直接的経験の状態である。例えば、ある色を見たり、音を聞いたりするその瞬間、それがある物の作用であるとか、私がそれを感じているとかいった意識や、その色や音が何であるかという判断の加わる以前の原初的な意識や経験の状態である。

（『善の研究』）

少し解説すると、主客があるかのように思うのは、私たちの思い込みにすぎない。実は、主客未分のほうが本来の姿であり、純粋な経験である。経験の大もとを純粋な経験だとすると、純粋経験というものは主客未分で起こっているはずだ、ということです。

たとえば、第1章で述べたように、「古池や蛙飛び込む水の音」という句には「私」という存在が明記されていません。この、「私は聞いた」のない「水の音」というのが一種の純粋経験だと西田はいうのです。

「ポチャン」という水音だけ。そこに静かな沈黙が広がっている。これが純粋な経験だとすると、「そこに私がいて、池があって、池の淵にカエルがいて、そのカエルが飛び込む音を私はそのとき聞いて逆に沈黙を感じました」ということと同じことのようで、まったく違うということなのです。

おわかりでしょうか、単純に「ポチャン」という音があった。私はたまたまそこにいたにすぎないのです。つまり、意識的な私というものが先にいて、そういう経験が起こったわけではない。そんな主客未分の純粋経験がこの世の基本であると西田は言ったのです。一見わかりにくいようですが、これは体験的には、日本人にはわりと馴染む考え方だと思います。日本人は「私」というものを抜きにして考えることが多いからです。

西洋の、特にデカルト的な思想は、「考える私」こそが揺らがないものだという考えですから、「私」というものが先にあって、その私が何かを認識するというのが基本です。でも西田は、本質を捉えようとするならば、私というものを前提として考えるのではなく、むしろ主客を分けることができない純粋経験こそを追求するべきだと考えたのです。

●絶対無の場所

その後西田は、「純粋経験」から「自覚」というキーワードにいき、さらに「場所」というところにいきます。

直観というのは主客の未だ分かれない、知るものと知られるものと一つである、現実そのままな、不断進行の意識である。反省というのは、この進行の外に立って、翻って之を見た意識である。……余は我々にこの二つのものの内面的関係を明らかにするものはわれわれの自覚であると思う。

（『自覚に於ける直観と反省』）

自覚というのは、直感とか反省といったものを詰め込んだものなので、まだ自分の意識というものがある感じがしますが、西田はここからさらに、経験や自覚といったものが生ずる「場所」という思想に行き着きます。小坂国継《こさかくにつぐ》氏の言葉を借りれば、「場所」とは次のようなものです。

西田の考えでは、対象と対象が相互に関係するには、そのような関係が（そこに於いて）成立する「場所」というものがなければならない。例えば、物と物とは共通の空間においてはじめて関係するのである。

（『西田幾多郎の思想』小坂国継／講談社学術文庫）

もし私というものがあって、同時にあなたというものがあって、何か意識の中で起こることがあったとしても、それを成り立たせるには、「場所」が必要だということです。つまり、私とか、あなたとか、ものとかが成立する土台としての場所です。

でも「場所」と言っても、西田の言う「場所」は実体的な場所だけにとどまりません。物と物が関係しあう「有の場所」、意識とその対象が関係する「無の場所（意識の野）」、さらに無の場所が拡大していった極限にある、有無を超越した「絶対無の場所」。つまり、場所は場所なのですが、それは、禅で言う「空」に近い、あらゆるものが生まれ出る

「場所」なのです。

この「絶対無」までいくとちょっと難しいのですが、禅の考え方に近づけて考えると、少しイメージしやすくなります。

禅では、「空」の世界を説きます。物が「ある」とか、「ない」とかと言っている段階は「空」ではありません。物の有無の根底に位置するすべてであり何物でもない状態、それが「空」です。

「空」は、サンスクリット語の「シューニャター」の訳で、膨《ふく》れ上がって中は空《から》っぽというイメージだとされています。

何もなく、何ものでもないのですが、あらゆるものにもなりうる、それが「空」だというのですが、それはどういうことかというと、私たちが「有」だとか「無」だと言っているものは、絶対的なものではなく、あくまでも私たちの意識や存在が感じさせている幻影にすぎないということです。

たとえば、私たちが机だと思っているものは、たまたま私たちの体が貫通しないから机の機能を果たしていますが、素粒子の世界、たとえばニュートリノの立場から見たら簡単に通り過ぎてしまうので、机としての意味は失われてしまいます。

ニュートリノまでいかなくても、ゴキブリの立場でも、それは机の機能を果たすものではなくなってしまいます。

ドイツの生物学者ユクスキュル（一八六四〜一九四四）が書いた『生物から見た世界』（岩波文庫）という本には次のような記述があります。ダニというのは、感覚が三つぐらいしかないので、私たちと同じ空間に生きているのですが、その世界はわれわれの世界とは、色彩から、時間感覚まで、何もかもが違うものである。

つまり、この世界のすべての意味というのは、人間がそのように思ってそのように捉えているだけで、ダニはもちろんのこと、ゴキブリから見ても、犬から見てもまったく違った世界に見えるのです。さらに、生物ではありませんから「見る」わけではありませんが、ニュートリノから見たら、境目などは全部通り抜けられてしまうのでないも同然です。私たちが世界と思っているものは、私たち人間が人間用につくっている人間の環境世界ですから、絶対的なものではないのです。

西田は、意識を取り払って世界を見たとき、この世界は何にでもなれてしまうが何物でもない、そういう意味ではすべてを生み出す大もとの「空」としか言いようのないものとなると考えたのです。これが「絶対無の場所」です。

のです。

●禅の修行を哲学する

この意識の底にある「絶対無の場所」まで到達することを目指すのが、実は禅の修行なのです。

わが心深き底あり喜も憂の波もとどかじと思ふ
（『日本の哲学をよむ』田中久文／ちくま学芸文庫より）

これは西田幾多郎が詠んだ歌です。
うれしいという気持ちも憂いも届かない、そういう深い心の底というものがあるのだ、という意味です。ここまで来ると、私たちが心だと思っているもの、つまり喜怒哀楽とか自分の意識といったものとは、もう次元が違います。
自分が悲しいとか、自分の心が苦しいとか、そういうものを突き抜けた先の世界（場所）です。そこでは、自分というものはもうありません。しかしそこは、何もないからこその自在な境地でもあります。そうした場所に体験を通して意識的に到達しようとするのが「禅」の修行だと西田は考えました。

こうした境地は武道の世界でも語られることがあります。

たとえば、「斬られたら恐い」と思ってしまうと斬られてしまうので、斬られることを考えてはいけない。では考えないためにはどうすればいいのかというと、恐れている自分をなくすことです。自分をなくせば、恐れがなくなるので、かえって斬られなくなる、というわけです。

実際、剣豪・宮本武蔵《みやもとむさし》（一五八四〜一六四五）は、武術を通して「空の境地」に至ったと言われています。

ということは、もしかしたら戦争をくぐり抜けたような人の中には、体験的に「空の境地」、つまり絶対無の場所に至った人が結構いるのかもしれません。これは仏教の諸行無常にも通じるものですが、何もないからこそ強くなれるということです。

アリストテレス（前三八四〜前三二二）以来、西洋論理学の基本は「AはAである（同一律）」、「Aであるか、またはAではない（排中律）」、「Aかつ非Aであることはない（矛盾律または無矛盾律）」といったものです。これは一見、絶対的に正しいように思えます。しかし、西田に言わせれば、Aと非Aを分けている点ですでにおかしいということになります。

このことは、色で考えるとよくわかります。赤と青はもちろん違う色です。しかし、どこまでが赤でどこからが青なのかというと、はっきりしません。色は七色のスペクトルにはっきりと分かれているのではなく、グラデーションになって無限に続いているからです。「ここから」と線引きすることができない以上、赤と非赤があるとは言えません。花も開いた状態と開いていない状態を線引きすることはできません。若さと老いの線引きもできません。

このようにして「Aと非Aに分けることはできない」と言われると、それまで絶対的に正しいと思っていた西洋倫理学の基本が一気に揺らいでしまいます。そして、この世のリアリティは、むしろグレーゾーンばかりで、Aと非Aを分けることは不可能なのではないかと思えてきます。

西田の言うように、主客の分かれていないところでこそ純粋な経験が起こっている状態は何も特別なものではなく、私たちが折々に感じているものでもあります。

たとえばスポーツをしているときや、音楽をしているときに「自分をなくす経験」をしたことがある人は多いと思います。意識せずに打っていたとか、思わず演奏していたとか、その行為に集中することで、音楽そのものになり切っていたという経験です。こうした経験は、音楽を聞くだけでも体験することがあります。

こうした自分という意識がなくなった状態では、自他の区別もなくなります。そうしたとき、「そこにあるのは純粋な経験だけだ」と言われると、西田幾多郎が言おうとしたことというのは、必ずしも特別なことでも、異常なことでもないのではないか、と思えてきます。

●鈴木大拙が世界に広めた日本の禅

西田幾多郎は、西洋哲学とは違う東洋の哲学をつくりました。それはまだ正当に評価されていないかもしれませんが、東洋の「禅」については、西洋でも広く知られています。そのきっかけとなったのは、西田幾多郎と同郷の友人で、仏教学者でもある鈴木大拙が禅について英文で書いた著書を出したことでした。

そこには空の思想や、空の体験、空の境地というものが綴《つづ》られているのですが、『禅と

日本文化』（岩波新書）では、俳句のことはもちろん、他にも「禅と美術」「禅と武士」「禅と剣道」「禅と儒教」「禅と茶道」といった項目が立てられており、日本文化の背景に禅の思想があることが述べられています。

その中で鈴木は、禅は科学とは反対のものだとしています。

禅は科学、または科学の名によって行なわれる一切の事物とは反対である。禅は体験的であり、科学は非体験的である。非体験的なるものは抽象的であり、個人的経験に対してはあまり関心を持たぬ。体験的なるものはまったく個人に属し、その体験を背景としなくては意義を持たぬ。科学は系統化《システマチゼーション》を意味し、禅はまさにその反対である。言葉は科学と哲学には要るが、禅の場合には妨げとなる。なぜであるか。言葉は代表するものであって、実体そのものではない。実体こそ、禅において最も高く評価されるものなのである。

（『禅と日本文化』）

禅においては「体験」が重要であり、「言葉」はむしろ妨《さまた》げになる。

そのことを鈴木は、論理的な言葉で師に自らの禅の知的解釈を問う僧が、師から言葉ではなく「一棒を喰らう」というエピソードを紹介して、その意味を次のように解説しています。

くだんの僧のごときに概念的理解の虚偽を悟らせる唯一有効な道は彼を打つことである。そして、「一即多、多即一」の意味を彼自身に体験せしめる事である。この僧にとっては論理的夢遊病《ロジカル・ソムノレンス》より醒めることが必要である。ゆえに投子は手荒い法にでたのである。

（前掲書）

ごく簡単に言うと、いろいろな思い込みから覚めるためには、ある程度、強烈な刺激を体験することが必要だということです。その刺激によって、自己を思い込みから引き離すのです。

このことは、同書の中で、言葉を変えて繰り返し説かれています。

日本人は、自分たちが最も激しい興奮の状態に置かれることがあっても、そこから自己を引き離す一瞬の余裕を見つけるように教えられ、また、鍛錬されてきた。

（前掲書）

これは武士について述べたものですが、自己を囚われから引き離すことが大切であるという意味では同じです。自己が囚われるということは、心が何かにとどまるということです。そこから、「心をとどめぬが肝要」と言います。

禅宗にて、「如何か是《こ》れ仏」と問い候はば、拳をさしあぐべし。「如何か仏法の極意」と問はば、其声未だ絶たざるに、一枝の梅花なりとも、前庭の柏樹子となりとも答ふべし。其答話の善悪を撰ぶにてはなし。止まらぬ心を尊ぶなり。止まらぬ心は、色にも香にも移らぬ也。此移らぬ心の体を神とも祝ひ、仏とも尊び、禅心とも、極意とも、申し候へども、思案して後に云ひ出し候へば、金言妙句にても、住地煩悩にて候。石火の機と申すも、ぴかりとする電光の早きを申し候。

（前掲書）

心がとどまってしまうと人は反応できなくなります。「あのとき、ああすればよかった」と思っていると、また失敗してしまいます。また、先のことを思って「こうすればほめられるだろう」と先回りすると、やはりこれも失敗してしまいます。頭でいろいろなことをごちゃごちゃ考えているとミスするよ、ということですが、その原因は心が何かにとどまることなのです。

「石火の機」というのは、まさに火花が飛ぶ瞬間のように、いまその瞬間にきちんと反応する、ということですが、反応するためには、常に心を無にしていなければいけません。

実はこれは、臨済宗の僧・沢庵宗彭《たくあんそうほう》（一五七三〜一六四六）が『不動智神妙録《ふどうちしんみょうろく》』という著書の中で「無明地煩悩」とか「諸仏不動智」という言葉で繰り返し述べていることでもあります。

「石火の機」とは、火花が散る瞬間のように即座に反応するということです。これを成し遂げるコツは、心をどこにも置かないことです。心をどこにも置かなければ、それはどこにでもあるということになり、何があっても、すぐに反応することができます。

ここでは主に武士や剣道において大切なことだとして述べているのですが、これは私たちの普段の生活にも当てはまることだと思います。

芥川賞を受賞した又吉直樹《またよしなおき》さんの『火花』という小説についてのコメントを週刊誌に求められたのですが、私はそのとき「これは『臨済録』と併読すると一層味わいが出ます」と書きました。そのとき私の頭によぎっていたのが、この「石火の機」でした。

『火花』という話は、徳永という売れない芸人が、四つ歳上なだけの先輩芸人、神谷を師匠と仰いで、その人に常に問答を仕掛けながら笑いの道を極めようとするというものです。

天才肌の神谷は、あるとき徳永に後ろから、「お客さん」と声をかけるのですが、徳永はそれをスルーしてしまいます。もちろん徳永は「お客さん」ではないのですが、このことを、せっかく師匠が「お客さん」と言ってくれたのに自分はスルーしてしまったと悔やみ、神谷に「せっかく師匠が独特な入り方をしてくださったのに、現実的な応答しかできず申し訳ありませんでした」とメールで謝るというシーンがあります。

このエピソードからは、普通の反応は絶対に許されないし、ボケに対しては瞬間的にツッコまないといけない緊張感が感じられます。

それをやり続ける二人の苦闘。でも、その苦闘が成果に全然結びつかない。そんなこと私は『火花』には描かれているのですが、これは「石火の機」だと思ったのと同時に、私は二十代の頃の自分を見るようで大変切ない思いがしました。

当時の私は、私が友達と日々していたのは、お笑いの修業ではなく真理を探求する会話でした。学問を追究し、その奥底にあるものは何かということについて会話することを快感としていたのですが、その結果、私に突きつけられたのは無職という現実でした。だから、あれだけ苦しい修業をしながらそれがまったく結果に結びつかないという『火花』は、自分の過去と重なって、胸が熱くなったのです。

それに、私は芸人ではありませんが、テレビ番組に出演することもあるので、投げかけに瞬間的に反応しなければならない苦しさはよく知っていました。これは禅の問答に近いところがあるとも言えるのです。

現代の若い人たちは、会話でもSNSでも当意即妙なコメント力を要求し合っています。ヤフーニュースのコメント欄にも気の利いたコメントが即時に出て、私は感心しています。

そういうところにまでつなげて考えると、現代日本の若者にも、やはり禅の伝統は根付いているのかもしれません。

●九鬼周造が解明した日本人の「いき」

『「いき」の構造』（岩波文庫）の著者・九鬼周造も京都学派の流れを汲《く》む哲学者です。

彼は大学卒業後、八年間ヨーロッパ諸国で西洋哲学を学びました。しかし、ヨーロッパで学べば学ぶほど、日本の美と文化に魅力を感じるようになり、帰国後、ヨーロッパの「媚態《びたい》」とは異なる日本の「いき（粋）」を考察する『「いき」の構造』（一九三〇年）という論文を発表します。

西洋の媚態と日本の「いき」は違うと言う九鬼は、いきの特徴を三つ挙げています。一つは「媚態」、二つ目は「意気地」、三つ目が「諦《あきら》め」です。

つまり、日本の「いき」というのは、単純な媚態ではなく、張り（意気地）と諦めを含んだ艶《つや》っぽさ（媚態）であると規定するのです。

媚態とは、一元的の自己が自己に対して異性を措定《そてい》し、自己と異性との間に可能的関係を構成する二元的態度である。そうして「いき」のうちに見られる「なまめかしさ」「つやっぽさ」「色気」などは、すべてこの二元的可能性を基礎とする緊張にほかならない。

（『「いき」の構造』岩波文庫）

これは、異性との関係を想定した色気が「いき」の大もとだということです。ここまでであれば西洋の「媚態」と「いき」はかなり近いのですが、そこに「意気地」と「諦め」が加わると、その性質は大きく変わります。

意気地というのは、ある意味、相手に同化しないものです。

九鬼は縦縞をいきな模様だというのですが、それは縦縞がどこまでいっても平行線で交わらないからだとしています。ですから男と女というのも、交わるようで交わらないという緊張感があるのが意気地であるとしています。つまり、女として男に完全に持っていかれてしまうようでは「いき」ではないのです。

「いき」は媚態でありながら異性に対して一種の反抗を示す強味を持った意識である。

触れておきたいと思います。
大森荘蔵は、天地は有情《うじょう》であると言いました。

簡単に云えば、世界は感情的なのであり、天地有情なのである。其の天地に地続きの我々人間も又、其の微小な前景として、其の有情に参加する。それが我々が「心の中」にしまい込まれていると思いこんでいる感情に他ならない。

（『大森荘蔵セレクション』平凡社）

これは簡単に言うと、感情というものは心の中にあるのではない、そもそも心の中などというものはなくて、天地がすでに感情を持っていてそこに自分は参加しているのだ、ということです。

人は鬱蒼《うっそう》とした森に入ると、鬱蒼とした森がすでに感情的なものを持っているので、鬱蒼とした森の感情になり、南の海に行くと、南の海がカラッと晴れていれば、人も晴れ晴れとした感情になる、と言うのです。

これは、鬱蒼とした森に恐怖を感じて自分の心がそうなったということではありません。

「私」が森に恐怖を感じるのではなく、森とそこにいる自分、そのすべてを包み込むものが恐怖といえば恐怖なのです。ですから心の中と外の世界は分けることはできません。自分の心の中の感情だと思っているものは、世界全体の感情のほんの一つの前景にすぎないのです。

このように考えた大森は、「心の中」とか「意識」という言葉は危険なワードだと言います。なぜなら、この「意識」という言葉が世界と人間を隔ててしまっているからです。

此の「意識」が世界と人間との間に立ちはだかる薄膜として世界と人の直接交流を遮断している元凶だと思われる。

（前掲書）

ではどうすればいいのでしょう。大森は、難解な哲学も、宗教も否定し、人はただ「生まれついたままの自分に戻れば良いのだ」と言います。

我々は安心して生まれついたままの自分に戻れば良いのだ。其処では、世界と私は地続きに直接に接続し、間を阻むものは何もない。
梵我一如、天地一体、の単純明快さに戻りさえすれば良いのだ。だから人であれば、誰にも出来ることで、たかだか一年も多少の練習をしさえすれば良い。

（前掲書）

天地が感情を持っているという表現には、違和感を覚える人もいると思いますが、春の風景と秋の風景、夏の風景と冬の風景では、それぞれ違うものがあります。これは四季のある国に生きる私たちにとっては確かなことです。春は春の空気に包まれるだけでほんわかとした気持ちになり、秋はそれだけで哀愁を感じます。

こうした、世界の中で自然と「立ち現われてくるもの」だけが真実だと大森は言います。

本当は世界と自分を隔てるものなどなく、すべては地続きの中で立ち現われてくるものなのである。そう考えると、大森の言っていることは、西田幾多郎の純粋経験ともつながってきます。

ドイツの哲学者ヘルマン・シュミッツ（一九二八〜）は、人の身体と感情はその人のいる空間と一体だと言います。たとえば、怖い先生のいる空間で、みんなが緊張していると、身体の状態も緊張しますが、同時にその空間の空気も緊張して、それが教室全体の雰囲気になります。そう考えると、場の雰囲気というものと身体の状態を分けることはできないということになります。

このように考えていくと、「心の中」の感情とか、「私」みたいなものを前提とするよりも、場の雰囲気といったものを前提にしたほうが現実には即しているのではないかと思えてきます。

少なくとも、場の空気を気にする日本人の感覚には、こうした思想のほうがフィットするのではないでしょうか。

「私」というものがあって、その私が世界を認識するという構図自体がもしかしたら思い込みなのかもしれません。「私」を外して考えることで、芭蕉も生きてくるし、禅の伝統も生きてきます。

私たち日本人は、こういう東洋の思想やものの見方をきちんと学ぶことで、西洋コンプレックスを乗り越えることができそうに思えます。むしろこちらのほうが本当で、主語を言わないほうが案外、本質に近いのだ、ということになるかもしれません。

京都学派には西田幾多郎以来、新しい哲学を世に問うという流れがあります。それは、究極的には「無の次元」とか「空の次元」というものを意識した新しい哲学であると同時に、日本人の美意識とか日本人の感覚をも説明しうるものでした。

そういう意味では、西洋コンプレックスを乗り越えた、日本の哲学だということができます。

西田幾多郎が戦前という時代に、西洋におもねることなく、日本独自の新しい哲学を世に問うには、大変な覚悟がいったことと思います。鈴木大拙は、日本的なるものを日本文化というかたちで、英語で書いて出すことで、世界に大きなインパクトを与えました。

しかし、そうした日本独自の哲学を、日本人は正当に評価してきたでしょうか。

というのも、京都学派が行なった東洋の再評価は、戦争の時期と重なったこともあり大東亜思想と結びつき、戦後その責任が問われました。

私は、それはある側面だけを切り出した評価のように思えます。

西田幾多郎や鈴木大拙が共有していた日本的「感覚」は、日本がずっと培ってきた財産であることは間違いありません。

その感覚を今一度呼び覚まし、うまく継承していくことが、これからの日本には必要なのではないでしょうか。そのためにも、京都学派の思想は、これからもっと見直されるべき、日本の大きな財産だと思います。

［第4章］

日本人の人生観

日本人に染みついた決めないスタイル

●柳田國男《やなぎたくにお》が見た「山の人生」

日本人を知るうえで、民俗学はとても重要です。民俗学は、たとえば武士の政治史のようなものとは違い、歴史に名を残さない、一般の人たち「民衆」が何を伝承してきたのか、ということを研究する学問だからです。

日本の民俗学は柳田國男（一八七五〜一九六二）が大成し、その後、折口信夫《おりくちしのぶ》（一八八七〜一九五三）や宮本常一《みやもとつねいち》（一九〇七〜一九八一）らが充実させていくことで大きく花開きました。

柳田國男は「日本人とは何か」という問いの答えを求めて、日本各地で民話の採集を行ない、「常民《じょうみん》」という概念をつくりました。「常民」とは、民間伝承を伝えている人のことで、いわば普通の田舎の人たちです。

この「常民」と対比されたのが「山の人」です。「山の人」とは、木こりや猟師など山で生活する人たちのことですが、彼らは平地や里山で暮らす人たちからすると、ちょっと得体が知れないというか、つかみどころがない人たちでした。なぜなら、彼らの生活は、里からはよく見えないうえ、彼らは「異界」の住人だからです。

高いところに神が住むというのは、世界中で見られる自然な山岳信仰です。つまり、「山」は本来、神の住む場所「異界」なのです。

神というのは、イスラム教やキリスト教などの神も同じですが、優しいだけの存在ではありません。時には、人間からすると理不尽に思えるような罰や試練を与える存在でもあります。

でも実は、神というのは、この両面を持っているからこそ、神としての威力を発揮するのです。恐怖と恵み、その二面性を持っていることが「神」に威力を与える重要なポイントなのです。

山はまさにこの二面性を持っています。

豊かな恵みを人に与えつつも、そこに入ったら行方不明になって死んでしまうかもしれません。

実際、昔は山に入って行方不明になった人は多く、そういう人たちは「神隠し」に遭《あ》ったといわれていました。

柳田國男の『遠野物語《とおのものがたり》』は、岩手県の遠野に伝承される話を佐々木喜善《ささききぜん》という民話収集家から聞き取った話をまとめたものですが、その中に「寒戸《さむと》の婆《ばば》」という神隠しの話があります。

黄昏《たそがれ》に女や子供の家の外に出ている者はよく神隠《かみかく》しにあうことは他《よそ》の国々と同じ。松崎村の寒戸《さむと》というところの民家にて、若き娘梨《なし》の樹《き》の下に草履《ぞうり》を脱《ぬ》ぎ置きたるまま行方《ゆくえ》を知らずなり、三十年あまり過ぎたりしに、或る日親類知音の人々その家に集《あつ》まりてありしところへ、きわめて老いさらぼいてその女帰り来たれり。いかにして帰って来たかと問えば人々に逢いたかりし故帰りしなり。さらばまた行かんとて、再び跡《あと》を留《とど》めず行き失《う》せたり。その日は風の烈《はげ》しく吹く日なりき。されば遠野郷の人は、今でも風の騒がしき日には、きょうはサムトの婆《ばば》が帰って来そうな日なりという。

（『遠野物語』）

これはあくまでも伝承ですが、怖い話です。娘は、自《みずか》らいなくなったのか、誘拐されたのかもよくわかりませんし、戻ってきたのに、またすぐにどこかへ行ってしまうというのも訳がわかりません。

自分たちのいる世界とは異なる世界があり、その異界との接点が遠いところではなく、山というわりと身近なところにあるというのが、この怖さをさらに増幅させています。

柳田國男は『遠野物語』で有名ですが、もう一つ『山の人生』という本も書いています。『遠野物語』が常民の話を集めたものなのに対し、『山の人生』は、山の人にまつわる話を収集したものです。

山で生活している人には山の生活の倫理があり、それは農村や漁村の人たちの倫理とは違います。柳田は、常民と山の人、異なる倫理観を持つ二種類の人の伝承をそれぞれ収集することで、日本人というものを捉えようとしたのです。

●折口信夫の「まれびと」で読み解く、日本人の歓待ぐせ

折口信夫は柳田國男の高弟ですが、二人の関係は、精神分析学者のフロイト（一八五六～一九三九）とユング（一八七五～一九六一）がそうであったように、学問の系譜としては継承しているのですが、学説の違いからか、少し複雑な関係にあります。柳田國男は伝承の採集ということを非常に重んじましたが、折口信夫はそこから独自の概念を打ち立てて論じることを重視したのです。

独自の概念をいろいろと打ち立てた折口信夫ですが、中でも「まれびと」という概念は興味深いものです。

「まれびと」とは、外部からの来訪者のことで、「客人」という字が当てられます。普通の来訪者であれば、「客人（きゃくじん）」でいいはずです。それをあえて「まれびと」と読んだのには、それが普通の来訪者ではないことを意味しています。

普通の来訪者でないなら、「まれびと」はどこからの来訪者なのでしょう。

折口信夫は、沖縄など各地をフィールドワークした結果、「まれびと」は自分たちの世

界ではないところから来た人、つまり、「常世《とこよ》の国」という「異界」からの来訪者だとしています。

> とこよの国から来ると言ふ鳥を、なぜ雁のまれびとと称へたか。人に比喩したものと簡単に説明してすむ事ではない。常世《トコヨ》の国から来るものをまれびとと呼んだ民間伝承の雁の上にも及んだものと考へられるのである。
>
> （折口信夫著『「とこよ」と「まれびと」』）

常世というのは、一種の霊界ですから、そこからやってくる人というのは、そこに住む自分たちの祖先かもしれないし、そうではない何かかもしれない。ですから、それはちょっと怖いことなのですが、同時にワクワクする出来事でもありました。日本には、そんな異界からの来訪者を「お客さま」として歓待する風習があったのです。

実際のまれびとは、おそらくはただの漂泊していた旅人だと思われますが、その旅人を異界から来た方々であるということで歓待するのです。折口信夫は、そういう風習の理解において、日本人が霊界をどう捉えているかという「信仰」を組み合わせて捉えようとしています。

まれびととは何か。神である。時を定めて来り臨む大神である。（大空から）或は海のあなたから、ある村に限って富みと齢《ヨハヒ》とその他若干の幸福とを齎《もたら》して来るものと、その村々の人々が信じてゐた神の事なのである。

（前掲書）

つまり、「まれびと」は、異界から来た祖霊であるとともに、幸福をもたらしてくれる「神」でもあったのです。

旅人をもてなすという風習は世界中にあるのですが、「神」としてもてなすというのは、かなり特徴的なことです。おそらくこれは、日本が異国と陸続きではなかったため、「外」から来た者に対してとりわけ免疫がなかったからだと考えられます。つまり、恐れをいだくがゆえに、粗末に扱って万が一、災いがあるといけないので歓待してしまうのです。

これは、明治以降も日本人が「外国人」に対して持っていた感情なのだと思います。

幕末に黒船が来たとき、最初は攘夷《じょうい》を叫んで追い出そうと躍起《やっき》になりますが、いざ対面すると不平等条約を一気に結んでしまいました。

また、戦時中は外国人を鬼畜米英と言って忌《い》み嫌い、――まあこれは、戦争ですから、相手のことを悪く思うことによって戦意を高揚させるということもあったのだと思いますが――、そのくせ、進駐軍がやってくると、今度は一転して歓待するような振る舞いに出ています。

ヨーロッパは陸続きですし、中東も中国も陸続きです。モンゴル平原は広いけれど、いろいろなところで騎馬民族に出会っていますし、アメリカ合衆国はもともと移民の集合体の国です。歴史的に「外」に対する免疫があるのです。

ところが日本は、端っこの、しかも島国なので「外」に行くことも少なければ、入ってくる人もあまりいません。しかも、日本人は体が小さく弱いので、相手が大きいだけで恐怖を感じてしまいます。同じ島国でもイギリスが対外的に強気だったのは、アングロサクソン特有の、強く大きな体を持っていたことも一因だと考えられます。

「まれびと」を歓待する風習は、島国である日本の中でも、人的交流の少ない田舎で特に多く見られるものです。そういう場所では、「外」から来た人を「こいつは何者だろう」

といぶかしむと同時に、それを排撃するのも恐ろしい。「まれびと」は、そういう交錯する気持ちの中で生まれたものなのだと思います。

折口信夫は、文学の発祥についても、こうした異人とのふれあいや、常世から来た魂を歓迎することと結びつけています。

> 日本文学の、文学らしい匂ひを持つて来るのは、叙事詩が出来てからの事である。其叙事詩は、初めから、単独には現れて来なかつた。邑落《ゆうらく》に伝つた呪詞の、変化して来たものだつたのである。而《しか》もその呪詞は、此土《くに》に生れ出たものとは、古代においては、考へられては居なかつた。即、古代人の所謂海阪《ウナザカ》の、彼方にあるとした常世《トコヨ》の国から齎《もたら》されたもの、と考へたのである。一年或は数年の間に、週期的に時を定めて来る異人——神——の唱へた詞章なのである。其が、此世界——邑落の在る処に伝へ残されたと考へ、その伝襲をくり返してゐる中に、形式も固定に次いで、変化を重ね〱して、遂には、叙事詩らしい形に、傾く様になつたのである。
>
> （折口信夫『日本文学の発生』）

文学というのはこの世のことだけではなく、霊界とつながったところから生まれているということです。

そう考えると、『源氏物語』には六条御息所《ろくじょうのみやすどころ》の生霊がずっと取りついていたという話があり、異界の住人である怨霊がこの世に祟《たた》りをなすという怨霊信仰との結びつきがあることがわかります。

この世と霊界（＝異界・常世の国）の交わりの中から文学が生まれたと折口は考えたわけですが、これはある意味で、日本人の死生観や死後の魂の行方というものを、日本人がどのように考えていたのかについて、折口独自の感性で研究したとも言えます。

私は、こうした「まれびと感覚」は、今も日本人の中に色濃く残っていると思います。「外」に対する恐れゆえのあこがれ、その表われの一つが「外国人タレント」の存在や最近増えている「外国人が評価する日本」をテーマにしたテレビ番組です。

他にも、国内ではそれほど評価されていなかったものが、外国人に人気だと聞いたとたんに、人気が出るというのも、日本人の「まれびと信仰」の表われの一つと言えます。自分というものを、一度外なるものを通して規定する回路です。

そう考えると、日本は世界とワールドワイドにつながっていると言いながら、実際にはまだまだ外国人とか外部というものに対して、どう振る舞ったらいいかわからずにいる「鎖国マインド」なのかもしれません。

●日本人の「寄りあい」的思考法――宮本常一

宮本常一は、日本全国を歩き、膨大な量の民俗学的記録を残しています。中でも彼の代表作『忘れられた日本人』（岩波文庫）には、ごく普通の人々の日常が、実に丁寧に記録されています。

たとえば、『忘れられた日本人』の冒頭に「寄りあい」という項があります。

これは宮本自身が対馬《つしま》の伊奈《いな》という村で、古い記録を借りたいと申し出たときの話なのですが、村の寄りあいで許可をもらわないと貸せないので、待ってくれと言われます。宮本はしばらく待っていたのですが、なかなか結論が出ません。

そこで寄りあいの様子を見にいくと、村人たちが、いろいろな議題を何度も繰り返すように話し合っていました。

事情をきいてみると、村でとりきめをおこなう場合には、みんなの納得のいくまで何日でもはなしあう。はじめには一同があつまって区長からの話をきくと、それぞれの地域組でいろいろに話しあって区長のところへその結論をもっていく。もし折り合いがつかねばまた自分のグループへもどってはなしあう。用事のある者は家へかえることもある。ただ区長・総代はきき役・まとめ役としてそこにいなければならない。とにかくこうして二日も協議が続けられている。この人たちにとっては夜も昼もない。

（『忘れられた日本人』）

こうしてすぐに結論を出さず、何日もかけて話し合い、最終的には、「見ればこの人はわるい人でもなさそうだし、話をきめようではないか」という老人の言葉に皆が賛同するかたちで、村の記録を借りることができた、という話です。

その寄りあいでは、時間に追われることなく、全員が納得いくまで話し合いが行なわれます。多数決でパシッと決めるようなことはせず、みんなの合意が形成されるまで、じっくり話し合われるのですが、かといって、一つの議題を徹底的に議論して煮詰めるようなともしません。その話題も出るけれど、また違う話題になって、みんなの合意に至らなければ、その話題は次の日に持ち越されるという、ある意味、ぬるい話し合いなのです。

現代の社会においては、意思決定が早いことが良いとされているので、非合理的な印象を受けるかもしれませんが、実はこうしたやり方こそが、日本人が狭い人間関係の中で、しこりをつくることなく、全員が納得する結論を出すための工夫だったと考えられます。

結論を急がないことであれば、時間をかけて結論を先延ばしにすることで、落ち着くところに落ち着くという方法も、一つの知恵なのではないか、ということです。

合理的という言葉には、二つニュアンスがあると私は思います。

一つは理詰めで考えて、こちらが正しいというものを取るというニュアンス。もう一つは、理に適《かな》っているということを、もう少し広く捉えるというニュアンスです。

つまり、理詰めに考えたり、多数決でパシッと線を引いて、「では、明日からこうします」というやり方が、「理に適っている」とは必ずしも言えないのではないか、ということです。

本当に「理に適っている」かどうかは、議題の周囲まで視野を広げて考えなければわかりません。たとえば、下手に結論を急いで、反対意見を退《しりぞ》けたりすると、しこりが残り、コミュニティそのものに亀裂《きれつ》が入る危険があります。

そういうことを考えると、事柄によっては結論をはっきり出さずに、時間をかけて話し合ったほうが「理に適った」結論に到達できる可能性は高いのかもしれません。なぜなら、時間をかけている間に何かしら感情が変わったり、状況が変わったりして、「だいたいこのへんだよね」という全員が一応納得できるような落としどころが見えてくる可能性があるからです。

実際、私が参加している会議では、手を挙げて多数決を採《と》るようなことはほとんどしません。「賛成の方、反対の方」というふうに決を採ってしまうと、会の雰囲気が悪くなってしまうからです。

ではどうするのかというと、ちょっと議論をして、決まり切らなかったら、次回の会議で継続して審議します。そうして何回か同じ議題を審議していると、誰かが「まあ、だいたいこのへんでしょうかね」と折衷案《せっちゅうあん》のようなものを出して、そこに落ち着くことができるのです。

そこに至るまでにはいくつもの妥協案とか折衷案というものが当然出されるわけですが、これらは決して意味がないわけではありません。時間をかけ、いくつもの案が出ることで、論点がいくつも出て、その重要度もわかっていくからこそ、落としどころというか、落ち着くべきところが見えてくるからです。

こういう昔ながらの日本人の知恵は、うまく使えばいまの社会でも生かせるはずです。たとえば、安保法制などは非常に難しい問題です。なぜ難しいのかというと、今の判断の是非が結果として出るまでに何十年もかかるからです。

一九六〇年に日米安全保障条約を結んだときは、反対意見が叫ばれる中、岸信介《きしのぶすけ》（一八九六～一九八七）首相がリーダーシップをとって決めました。当時、その判断が正しいかどうかは誰もわかりませんでしたが、半世紀を経て結果的には平和が保たれてきたと言えるでしょう。

こうした問題については、全員の意見が一致するということはまずないでしょうから、議論を尽くしたという事実自体が大切なのだと思います。

このきわめて日本的な「寄りあい」方式にも問題はあります。

その一つが、なかにはいくら議論しても結論が出ない場合がある、ということです。そういう場合には、本当に経験値の高い人がパシッと決めてくれたほうがいい、ということもあります。

たとえば、医学のことなどはそうだと思います。素人がずっと議論していても結論は出ないのですから、経験のある医師に「これは一刻を争いますから、すぐに手術をしましょう」というようにスパッと決めてもらったほうがいいわけです。こうした問題は、時間をかけて議論をしていればいい、というものではありません。

もう一つの問題は、「寄りあい」で決めたことは、責任の所在が明確にならないということです。場の雰囲気で決まるわけですから、誰もが自分が出した意見をぶつけあって、間違えたら責任を取るということをしなくなってしまうのです。太平洋戦争へ突き進んだ軍部に関してもこうしたことが起こったのだと思います。

●連綿と続いてきた「藤原氏システム」——責任のない日本

責任の所在がハッキリしないということは、誰がそれを決定したのかわからない、ということでもあります。なぜわからないのかというと、実は、それが奈良時代以来の日本の伝統的なシステムだからなのです。

このシステムのルーツは、藤原鎌足《ふじわらのかまたり》（六一四～六六九）、不比等《ふひと》（六五九～七二〇）親子にまで遡ります。

藤原鎌足と不比等は、自分たちの娘を天皇に嫁がせ、その娘が産んだ子どもを皇位に就《つ》けることで、天皇の外祖父という立場から天皇を操《あやつ》るという大プロジェクトを計画、実行しました。

こうして、公式には天皇の命という形で政治が行なわれるのですが、実際の意思決定をしているのは藤原氏であるという、統治システムをつくり上げたのです。このシステムを藤原氏は代々継承しつづけ、平安時代には「関白」という天皇とほぼ同等の権限を持つ官職をつくり、それを藤原氏が独占するという形で完成させます。

実際は、天皇が意思決定したのではないのですが、天皇の命として出すことで、誰にも覆《くつがえ》しようのない決定事項になってしまうのです。しかも、関白はあくまでも天皇の代理という建前なので、藤原氏が最終責任を問われることはありません。

では、天皇に責任を取らせるのかというと、日本には天皇に代わる存在はないので、それもできません。

これは実に巧妙なシステムです。そしてこの巧妙なシステムが長く続いてきたために、日本では、いったい誰がどこで意思決定したのかわからないまま物事が進んでいくというのが常態になってしまったのです。

これに対し、アメリカでは、誰が責任を取っているのかがものすごくはっきりしています。

私は『24（トウェンティーフォー）』というアメリカのドラマシリーズが好きでよく見るのですが、政府も警察も序列がハッキリしていて、「ここは私が責任を取る」という形で、すべての決断が責任の所在を明らかにしながら行なわれるのです。そして、失敗したら責任を取って辞め、別の人がその任に就く。

責任が取れる範疇《はんちゅう》も明確で、その人で責任が取りきれないと意思決定は上に移行します。そうして最終的には、大統領の決断が求められます。

『24』はドラマですが、アメリカでは現実社会でもこうした傾向が強いでしょう。何かというと稟議書《りんぎしょ》を回して、みんなで判子を押していくことで結果として責任の所在を曖昧にしてしまう日本とは、大きく異なります。

それでも日本という国は、なんとなくうまくやっています。それは、西洋の意思決定のプロセスをマクロでは取り入れつつも、ミクロでは日本的な「寄りあい」を重ねることでバランスを取ってきたからではないでしょうか。

アメリカ的な意思決定システムは、責任の所在ははっきりしますが、決めるのは最終責任者です。彼が部下の意見をちゃんと聞いたうえで判断できれば問題ありませんが、そうでないこともあるでしょう。

日本の場合は、責任の所在が曖昧である反面、みんなが納得するような意見に集約させやすいということが言えます。

いくら時間をかけて話し合っても、それぞれが自分の主張を言うだけでは着地点は見つかりません。日本人が「寄りあい」で行なってきたのは、実は西洋的な議論ではなく、個人のメンツとか感情といったところを説得して、時には折れてもらったり、時には何かしらの提案をして感情面で納得してもらったり、という「根回し」だったのだと思います。

こうした根回しができない人は、やはり日本の出世システムでは上のほうに行きにくいという傾向があります。なぜなら、現実の問題では、単に合理的であることだけではなくて、それぞれが持っている感情とかプライドを傷つけずに解決させていくことのほうが難しかったりするからです。

アメリカ式と日本式、どちらがいいというのではなく、その特徴をうまく組織の意思決定に活かしていくことが必要だと思います。

●統計的思考とシミュレーション能力が必要とされている

意思決定が見えないことに加え、見積もりが甘いというのも日本の大きな問題です。二〇二〇年の東京オリンピックに向けた新国立競技場の建設の予算問題や、法科大学院の問題などがすぐに浮かびます。法科大学院制度は、法曹人口の増加を目標に始まりましたが、そもそも何年間で有資格者が何人になるのか、その後、目標人数に達したときに、つくってしまった法科大学院はどうするのか、といったごく当たり前に行なわれるべきシミュレーションすらされていませんでした。

いまでいうと、人口問題が挙げられます。

人口がこのまま減り続けていくと日本はどうなるのかということは、計算すれば簡単に予測できるはずです。内需は拡大せず、働き手も減少する。年金も今のままのシステムでは早晩、破綻《はたん》するでしょう。

ということは、最優先で手を打たなければいけないのは少子化対策であり、移民の是非を含めた働き手を確保するための方策を考えることのはずです。もちろん、現政権もこうした問題について議論していますが、出生率が明らかに上がるほどの政策を打ち出せていません。

さまざまなデータ・数値で見える問題をうやむやにすることで、議論を先送りしているのではないでしょうか。国民の側も、数値でもって政府に対策を迫るということをあまりしないように感じます。

その原因は、これまでそういうことをしてこなかったので、慣れていないからなのではないでしょうか。日本人はあまり明確な数値を示して議論する訓練をしていないのです。だから、イメージや思い込みで判断してしまう。

そう思った私は、学生に統計をもとにしてシミュレーションをするという思考練習をしてもらうようにしています。

もちろん、感覚で直観的に是非を判断する思考というものも大切なのですが、それと同時に統計的なデータを使ってシミュレーションし、全体を視野に入れて判断するという思考を持つことも必要なのです。

ところが、これまでの日本の歴史の中では、統計に基づく意思決定ということがあまりなされてきませんでした。戦争をしたときも、日本にエネルギーが足りなくて戦争を起こしたのですが、落ち着いて考えてみれば、エネルギーが足りない国が戦争できるのかという根本的な疑問に気づいたはずです。

仮に、当初は短期決戦で勝算があったとしても、そのシナリオが崩れた時点で軌道修正をしなければいけなかったのに、できませんでした。

その結果が、硫黄島《いおうとう》や南方の島での悲惨な結果です。前線の部隊にどれだけ補給ができるのかということは戦争の基本であるにもかかわらず、補給ができない作戦を平気で命じてしまったのが、あの戦争でした。

開戦に当たり、連合艦隊司令長官であった山本五十六《やまもといそろく》（一八八四〜一九四三）は「やれと言われれば、最初の半年や一年は存分に暴れてみせましょう」と言ったといいます。この言葉は、一見、格好よく見えますが、一年以上はもたないということはわかっていたはずです。

そう考えると、そんな日本がよくあの幕末、明治の激動期を乗り切ることができたものだと思います。でもその幸運が、自分たちのやり方でいけるという誤った自信をつけてしまったのかもしれません。

大きな意思決定をするときに統計やデータを見て、現場の声を聞いて、それをもとにシミュレーションして判断するというのはある意味当たり前のことです。これからは、統計に基づく意思決定というものを意識的にしていく必要があるのだと思います。

お金の思想と経営能力

●お金に対する日本人の思想

日本人を語るうえで、お金は大きなテーマのひとつです。

第二十代内閣総理大臣を務めた髙橋是清《たかはしこれきよ》（一八五四〜一九三六）は、「日本人はお金に対して汚いと思いすぎたり、一方ではその反動で拝金主義に走ったりと、お金に対するバランスがうまくとれていないのが問題である」というようなことを言っていますが、まさにそのとおりだと思います。

日本人には、お金というのは汚《けが》らわしいものだという意識があります。

たとえば「江戸っ子は宵越《よいご》しの銭は持たない」という言葉があります。これはお金がなさすぎて、そもそも翌日までもたないということもあるのですが、同時に、お金というものにこだわることがちょっと汚い、あるいは器《うつわ》が小さいことのような感じがする、という思いもあります。

一方で人間だれしも、うまくやってお金を儲けたい、という気持ちはあるわけですから、確かに高橋是清が指摘したように、お金に対するバランス感覚が悪いと言えるでしょう。

この点も、やはりアメリカは異なります。

「アメリカンドリーム」という言葉もあるように、アメリカ人にとってお金を稼いだり、一発当てたりすることにまったく悪い印象はありません。起業して当てることはもちろん、ゴールドラッシュのように金を掘り当てた人でも「ヒーロー」の扱いです。

アメリカ建国期の政治家、ベンジャミン・フランクリン（一七〇六〜一七九〇）の自伝『フランクリン自伝』（岩波文庫）を読むと、彼がまじめに働き、努力をして、倹約をして、貯めたお金を次の事業に活かしていくことを推奨していることがわかります。彼は一〇〇ドル札にその肖像画が使われていますが、これはフランクリンがアメリカにおいて一種、象徴的存在になっていることを意味しています。

マックス・ウェーバーは著書『プロテスタンティズムの倫理と資本主義の精神』（岩波

文庫）で、フランクリンの自伝を題材にプロテスタンティズムを語っています。

この本は、資本主義は、なぜカトリックではなく、プロテスタントという禁欲主義者の多く住む土地で発達したのか、ということを研究したものですが、彼の言う「禁欲主義者の多く住む土地」というのが、まさに当時のアメリカだったのです。

フランクリンの考え方というのは、ごく簡単に言うと「禁欲してまじめに働けば資本は自然と貯まっていく」というものです。

実は日本でも、鈴木正三《しょうさん》（一五七九〜一六五五）という人がフランクリンの考えと同じようなことを言っています。

鈴木正三という名前からすると最近の人のようですが、この人は江戸初期の曹洞宗の僧侶です。出家する以前は、父の代から徳川家康に仕《つか》え、彼自身、関ヶ原の戦いや二度にわたる大坂の陣にも参加した旗本でした。

彼はその生涯に多くの著作を残していますが、その中に『万民徳用《ばんみんとくよう》』というものがあります。それを見ると、武士は武士として、農民は農民として、職人は職人として、商人は商人として、それぞれきちんと正直に生きることが大切であり、それこそが仏に至る道なのだ、と語っています。

仏教には「八正道」という教えがあるので、正しく、誠実に生きることが仏への道だというのは、ブッダの教えにも適《かな》っています。

もちろん鈴木自身は出家しているので、専門的に修行している僧侶もリスペクトしているのですが、一般の在家でも、きちんと仕事をしていれば、その仕事を通して仏に近づけるのだということを言ったのです。

まじめにきちんと禁欲して生きるのが、神の御心に適う正しい生き方だ、というのがプロテスタンティズムですから、まさに鈴木正三の思想と同じです。

実際、評論家の山本七平《やまもとしちへい》（一九二一～一九九一）氏は、鈴木正三を取り上げて、日本型資本主義の精神と評しています。

そして、日本人の姿を振り返ると、きちんと働いて、人の悪口を言わず、法律違反もしない、ということぐらいならほとんどの人が結構やれているのではないでしょうか。「まじめにきちんと働いていれば、それでいい」つまり、日本人に、これまでやってきた生き方でいいのだ、と自信を与えてくれたのが鈴木正三なのです。

●倫理観と経営能力をセットで捉えた二宮尊徳《にのみやそんとく》

鈴木正三の後、倫理的な生き方をすることと経営能力をセットにして考えたのが、江戸後期の農政家・二宮尊徳（一七八七〜一八五六）でした。

二宮尊徳の思想は、勤勉と倹約を基本としているので、フランクリンに近いのですが、彼がすごいのは、それを実践して結果を出していることです。

尊徳は小田原《おだわら》の農家の長男として生まれますが、五歳のときに近くを流れる酒匂川《さかわ》が氾濫《はんらん》し、家の田畑が流失してしまいます。その後、一四歳で父を亡くし、その二年後には母も亡くした尊徳は、伯父の家に身を寄せることとなります。

伯父の田畑を手伝いながら、尊徳は荒れ地を開墾《かいこん》し、その田畑を小作に貸し出すことで得た利益を元手に、二〇歳のときには生家の再興を果たしているのです。生家の再興を果たした尊徳は、自分の田畑は小作に貸し出し、自身は小田原の街に出て小田原藩の家老を務める服部《はっとり》家に奉公して、今度は服部家の財政を立て直します。

こうして、実績を積み重ねていった尊徳は、ついには藩主の分家の経営を任されるところまでいくのです。経営手腕を買われて、次々と大きな会社の経営を立て直していくということですから、今で言うと、稲盛和夫《いなもりかずお》さんのようなイメージです。

稲盛さんは、社員わずか八人というところからスタートして、京セラを大企業に成長させると、今度は第二電電（現ＫＤＤＩ）を創設し、その後一時期は経営から退きますが、その手腕を買われて、事実上経営破綻した日本航空の立て直しを頼まれ、見事、日航を再上場させています。

稲盛さんは企業家の育成にも熱心で、「盛和塾」という勉強会を開いていました。彼が書いた本や、話しておられることを見ると、その内容はいわゆる経営指南というより、人としての生き方論が中心です。

これは稲盛さんに限ったことではありません。

「経営の神様」と言われた松下幸之助《まつしたこうのすけ》（一八九四〜一九八九）も、やはり経営の極意は生き方にあると説いた一人です。

松下幸之助のそうした思想は、彼が創設した出版社である「ＰＨＰ研究所」という名称にも込められています。「ＰＨＰ」とは「Peace and Happiness through Prosperity」つまり、繁栄によって平和と幸福を追求するという意味です。平和と幸福を追求する手段が

「繁栄によって」というのですから、おもしろい考え方だと思います。

松下幸之助の書いたものを読むと、その一つ一つは、人の話をきちんとよく聞くとか、わからないことがあったら人に尋ねるとか、ある意味、基本的なことばかりが書いてあるのですが、全体を通すと、その根底にあるのは、素直な気持ちでまじめにやる、ということだというのがわかります。

仏教徒の方々の生活態度は、朝に礼拝、夕べに感謝といいますが、われわれ日々仕事に携わる者も、朝に発意、昼は実行、そして夕べに反省、こういう日々をくり返したいということです。

（松下幸之助著『商売心得帖』ＰＨＰ研究所）

私は以前、セブン＆アイ・ホールディングスの会長である鈴木敏文《すずきとしふみ》さんと対談をさせていただいたことがあります。鈴木さんは、日本にコンビニ文化を定着させ、今では銀行業まで手掛ける大経営者です。

そんな鈴木さんが、まさに松下幸之助と同じことをおっしゃっていました。

鈴木さんの言葉を用いると、それは「仮説を立て、それを実践し、検証するということを繰り返していくことが大切だ」ということでした。

その実例の一つとして、鈴木さんはセブン-イレブンのおでんを開発したときの話をしてくださったのですが、おでんの開発は本当に大変だったと言います。中でも苦労したのは、すぐにおでんの汁が濃くなってしまうということでした。そこで仮説を立てては実践し、その検証結果をもとに改善する、ということをひたすら繰り返したそうです。

私はこの話を聞いたとき、とてもおもしろいと思いました。なぜなら、おでんはコンビニにとって必要不可欠なものではないからです。でも鈴木さんは、どうしてもおでんを置きたいと思い、苦労の末にそれを成し遂げ、今では欠かせない商品の一つになっています。

セブン-イレブンでは、こうした仮説、実践、検証の繰り返しを、商品開発はもちろん、店舗での商品配置に至るまで、あらゆるところで行なっているのだそうです。そういう当たり前のことを手を抜かずきちんとやり続けていることが、今のセブン-イレブンの成功につながっているということです。

このように見ていくと、経営能力と倫理的な生き方というものは、一見すると遠いようですが、実は日本ではずっとセットで語られてきたものなのです。

●戦後の経済成長を支えた経営者たちの軸とは

明治の初めに、福澤諭吉は『学問のすゝめ』で、一人ひとりが日本国を背負って立つような気概を持ってやれと人々を激励しました。明治の日本の強さは、まさに当時の経済人が日本国を背負う意識を持って奮闘してきたからだと思います。

その後日本は、無謀な戦争に突入して敗れたことで、せっかくつくり上げた国を崩壊させてしまいました。

しかし、戦後の経営者たちはここで諦めることなく、敗戦後の崩壊した日本を立て直す、という「公共的な意識」のもと、再び奮闘しました。実際、当時はトヨタにしてもソニーにしても、さまざまな日本の企業が、日本を一等国にするのだ、という意識を持っていました。

明治から戦後にかけての日本経済の発展を振り返ると、「自分は『論語』で経済をやってみせる」と言った渋沢栄一の経営手法は、日本経済発展の王道だったのではないか、と思えてきます。

プロテスタンティズムというのは、神と自分が向き合う世界ですから非常に強い柱となります。プロテスタントの中でもカルヴァン派は、自分のやっている仕事は天から授かった職業「ベルーフ（Beruf）」だと考えるので、大変まじめに仕事に取り組み、資本を蓄積しました。

これが、マックス・ウェーバーの言う、プロテスタンティズムが資本主義を発達させたとする理論です。

マックス・ウェーバーが言ったように、西洋の資本主義を発展させたのがプロテスタンティズムであるなら、日本の資本主義を発展させたのは何だったのでしょう。この一つの答えが、渋沢栄一の言った『論語』、つまり儒教だったのではないか、ということです。

ここで気づくのが、明治維新を成し遂げた人というのは、江戸時代に儒教教育を受けて育った人たちだということです。

江戸時代の教育の中心は、人として礼節を守ることの大切さを説く儒教が中心でした。ですから、明治維新だ、戦後だと、社会が新しく変わったようでいて、そこで活躍した人たちというのは、古くさいと思われている儒教や愛国心といったものを精神の柱として生きてきた人たちなのです。

そうした人たちと比べたとき、近代的な教育を受けたと自負している私たちですが、どことなく頼りない印象があることも事実です。でも、その頼りない面というのは、能力的な頼りなさではありません。では何が頼りないのかというと、広く言えば「公共心」というものだと私は思います。

公共心が薄れていったことで、企業の体質も変わりました。企業が利益を上げれば、それに応じて法人税を納めなければなりません。しかし、最近では本社を海外の租税回避地（タックス・ヘイブン）に置くことで節税をしたり、あるいは故意に利益を少なくして税金を納めないようにしたりといったことが平気で行なわれています。かつての大銀行も、公的資金を注入されていたにもかかわらず、利益を出せるようになってからも優遇政策を受けていました。

法律に反しているわけではありませんが、公共的な企業精神の柱が弱くなっている感じがします。

●今こそ「論語」に立ち返る

今、ビジネスの世界ではアメリカのＭＢＡ（経営大学院）で教えられるような経営理論に学ぶことが重要だとされます。そこでは、利益を最大化させるようなマネジメントや戦略についての理論が研究されています。

こうしたことも必要でしょうが、ウェーバーの言ったようにプロテスタントの精神が資本主義を生み出したのであれば、経済行為というのは実は倫理的な後ろ盾があったほうが長続きしやすいのではないかと思います。

そして日本の場合、その倫理観の基本となるのは、やはり『論語』です。現代のビジネスパーソンも今こそ『論語』に立ち返ってみてはどうでしょうか。儒教の教えは、基本的な倫理観として今でも充分「精神の柱」となり得るものです。

明治時代の政治家や経営者たちは近代的な社会システムを輸入しながら、それに合うような企業を立ち上げ、成功を収めました。渋沢栄一にいたっては軽く一〇〇社を超える会社をつくりました。

立派なのは国のトップや経営者だけではありません。そこで働く人たちも、少し前までは江戸の世の中に暮らしていた人たちです。それがあっという間に近代産業の担い手として立派に仕事をこなしているのです。

これは、当時の日本人が「礼節を守り、まじめに勤勉に働くことが大切なのだ」という儒教の教えに裏打ちされた「精神の柱」を持っていたからこそ、できたことなのではないかと私は思います。柱があるからこそ、世の中が大きく変わってもそれに対応することができたのです。

今の教育現場には、残念ながら「精神の柱」となるものを教えるものはありません。起業するような活力ある若者を増やすためには、それだけの軸が必要です。

私は、『論語』は教育学の基本書だと思っているので、学生には最低一回は通しで読むように言っていますが、私が言う以前に通しで読んだことがあるという学生はほとんどいません。

でも読めば、書かれてあることの意味も全部わかりますし、その内容が人として真っ当なことであるということもわかります。何しろ『論語』というのは、約二五〇〇年もの長きにわたって、人々から支持されてきたものです。そういう「真っ当な倫理観」を共有していた社会が強いのは、ある意味当然のことだと言えるでしょう。

注意しなければいけないのは、『論語』の教えを杓子定規《しゃくしじょうぎ》に捉えることが目的ではないということです。

たとえば、儒教には「長幼の序」という言葉があります。年長者と年少者との秩序ということですが、これを字義通りに捉えると、下の人は上に対して何も言えなくなってしまいます。そうではなく、今の時代は、下の人であっても正しいと思うことは礼節をわきまえてちゃんと伝えるべきです。

一方で、一時期は批判された日本の会社での年功序列の制度ですが、振り返ると、年功序列、終身雇用というものがあった時代のほうが、会社への忠誠心があったし、企業に勢いもあったように思えます。成果主義を取り入れた結果、かえってうまくまわらなくなってしまったという会社はたくさんあります。日本人には、成果主義は合わなかったということなのでしょう。

ですから急がば回れではありませんが、今一度、儒教と経済という渋沢栄一の遺産とも言える考え方を見直してみてもいいのではないかと思います。福澤諭吉もまた、「運上（税金）は快《こころよ》く払うべきもの」だと言っています。

まじめに働いて、得たお金の中から気持ちよく税金を払って、国に守ってもらう。そうして残ったお金は、倹約して次の商売が途絶えないように大切に使う。

こうしたまじめで倫理的な生き方が、日本人には一番合っているのではないでしょうか。

●商家が大事にしていた祈る気持ち

ユダヤ教、キリスト教、イスラム教の神は、ほかに神の存在を許さない唯一絶対神です。信者は自らを「神のしもべ」と言います。

神の召使いとして、一生頭を擦《す》りつけて生きていくというのは、私たち日本人からすると人間性の抑圧なのではないかと思いがちですが、その神以外にはひれ伏すことはないということですから、これは人間による支配からの解放とも言えます。

お金持ちであろうが天才であろうが、どんな人であっても、人間である以上、神の前ではすべて等しく召使いだからです。そういう意味では、同一宗教を信仰するもの同士の平等を保つことにつながります。

日本人も神に祈りますが、神に対し一神教徒が持っているような明確なイメージは持っていません。

そもそも神様がたくさんいるので、どの神に祈ったらいいのかもよくわかりません。そのせいか、日本人はいろいろなものに手を合わせます。

近くの神社でもいいし、お天道様でもいいし、神棚でも、巨木でも、富士山でもご先祖さまでも何でもいいというのが日本人です。

日本人の祈りと、一神教徒の祈りは、実は似て非なるものなのです。

一神教徒は、神に赦《ゆる》しを請うたり、感謝したり、いわば神という人格を持った絶対的な存在に対して祈りを捧げるのですが、日本人は、自らの穢《けが》れを祓い、まっさらな精神状態にリセットするために祈るのです。

このように考える根底には、人は生きていればいろいろなことで穢れていくという思想があります。つまり、穢れるのはしかたがないことなので、その穢れを放置せず、日々祓ってきれいにしようということです。

伊勢神宮は二〇年ごとに「遷宮《せんぐう》」といって、社殿をすべて新しい物につくり替えますが、これも穢れを祓うためのひとつの方法なのです。遷宮では社殿はもちろん、祭祀道具もすべて新しい物につくり替えるので、伝統や歴史を重んじる人からすると、なんだか権威が薄れるように思うかもしれませんが、日本人にとっては、穢れていない状態にすることが最優先事項なのです。

人の心も同じです。いろいろなものが蓄積されて成熟していくというよりは、穢れを祓って、まっさらな、赤子のような心に立ち戻ることが日本人には大切なのです。

こうした思想は、日本のさまざまな「家訓」にも見られます。

多くの家訓には「神仏を拝みなさい」という項目が共通して見て取れます。それも、神と仏を区別することなく、また〇〇神を拝みなさいと、拝む対象を規定することもなく、ただ「神仏を拝みなさい」というのです。

では、なぜ彼らは「神仏を拝みなさい」と子孫に言い残したのでしょう。

一　神を敬ひ佛を崇《たっと》ぶは誠心誠意を喚起する所以なり、一日も信仰の年を惣《ゆるがせ》にすべからず。

これは、出羽酒田《でわさかた》の豪商・本間《ほんま》家の家訓（第二条）です。

本間家は、第二次大戦後の農地改革が行なわれるまで日本一の資産を誇った豪商です。

この家訓における「祈り」は、神仏の力にすがり、御利益を得ることを目的としたものではありません。「誠心誠意を喚起する」ために毎日祈りなさいと言っているわけですから、あくまでも自分の精神を整えることが目的の祈りなのです。

人生のミッションを見つけよ

●少子化社会での「家」の思想

長い日本の歴史の中で、日本人が一番大事にしてきたものは何だったのでしょう。

一言で言うなら、私は「家名」だと思います。家名とは、「家」とその家の「名誉」ということです。日本では、この二つは常にセットで重んじられてきました。

家の名誉を守るためには、先祖に恥じない生き方をしなければならないし、家名が末代まで続くよう、子孫繁栄を願いました。

しかし、核家族化と、その後の少子化によって、守るべき家名はなくなりました。今、家系が途絶えることを気にする人は、お金持ちか旧家の出の人くらいでしょう。こうして日本人は、長い間大切にしてきた「家名を守る」というミッションを失ってしまったのです。

これではモチベーションが上がらないのも無理ありません。ミッションのない人生というのは、つらいものです。そこで、なんとかしてミッションを見つけなければならないのですが、これがなかなか難しいのです。

家名というのは、単純に「〇〇家」という名前を遺すことが目的なのではありません。安定した社会を営むためには、「再生産」という概念が重要です。前の社会を次世代も同じように再生産していくということです。

階級の再生産という言い方をされると、階級が固定化することになってしまうので、否定的な意味のものになってしまうのですが、教育というもので考えると、同じ社会をもう一回つくっていく再生産は、社会の安定にとって必要かつ重要なものとなります。

しかし、これを家庭という単位で見たとき、もはや再生産は不能な状態に陥っているといわざるを得ません。

私の母親は、お嫁に来たとき、家族が一六人もいました。父の兄弟が一〇人、それに両親に祖父母、さらには住み込みの従業員までいたので、母は一日中家事に追われていたといいます。

今ならテレビ局から取材のオファーが来そうな大家族ですが、もちろん取材などありません。それは当時、日本中に「ビッグダディ」のような大家族が当たり前のようにあったからです。

また、かつての日本では、養子も一般的でした。そのため夏目漱石などもそうですが、実の兄弟なのだけれど、養子に行ったので苗字が違っているという人たちがたくさんいました。ですから、おじさんの家の子どもになっているなどというのはごく当たり前で、遠縁だけど、あそこは跡継ぎに恵まれなかったから、うちの子を一人あげよう、といったことが抵抗なく行なわれていたのです。

家族というものの考え方が、今の核家族とは大きく違っていたので、大家族どころか、子どもは一族みんなで育てればいいという意識だったのです。

もちろん、こうした環境がいいことばかりではなかったと思います。そこでストレスを感じていた人もいました。

たとえば、作家の川端康成《かわばたやすなり》（一八九九～一九七二）は、幼いときに両親が肺を患《わずら》ったため、母の実家に預けられ、両親がそのまま亡くなると、父方の祖父母に引き取られたのですが、康成の姉は母方の叔母が引き取ったために、姉弟離ればなれになっています。

そうした環境に強いストレスを感じるとともに、祖父母に育てられたというコンプレックスもあったのでしょう、そうしたものをのちに『日向《ひなた》』（『掌の小説』新潮文庫に収録）という短編小説で描いています。

昔の家族制度というものが必ずしもいいということではないのですが、いまは子どもをみんなで育てないといけない時代に入っているのですから、そういう意味では、もう少し家族という単位を緩やかに広げて考えてもいいのではないかと思います。

「家」は長い間、日本人にとって重荷であると同時に、モチベーションでもありました。『葉隠《はがくれ》』を読むと、武士が家の拡大版としての藩の存続に命をかけていることがわかります。そういうものと比べると、現代人の家に対する意識はとても希薄です。

「家」というものが希薄になったことで存続へのプレッシャーから解放され、気楽にはなったのですが、繁栄に向かう推進力に欠けてしまったように思います。

たとえば、子どもがいれば、いい学校に入れてあげようと頑張ったり、幸せになるよう努力したりしますが、そうでないと自分の生き方ばかりが問題になってしまいます。これは結構疲れることでもあります。

もちろん、さまざまな理由で子どもを持つことが叶わない方もいるでしょうし、それに対して否定的な見方をするのは決してよくありません。一方で、家制度から解放され、どのように生きるか、どのような生き方が幸せかは全部自分で決めなければならないとなったときに、かえって生きづらさを感じる人も多かったのではないでしょうか。

ただ、今さら過去の因習を復活させろということではありません。それを踏まえたうえで、人生の「型」が失われた現在、これからは自分の生き方の価値がどこにあるか、個々人が探していかなければならぬ時代に入ったということなのです。

●「物」より「おもしろさ」の時代

最近、物が欲しいという人が少なくなってきました。生活に必要な物は多くの人が一通り持っていますし、むしろ身のまわりの物が多すぎることに悩む人も増えています。その結果、片付けの本が売れたり、「ミニマリスト」という物を持たない生活スタイルがメディアに取り上げられたりするようになりました。

物ではない価値をみんなが求め始めた今、生活の価値がどこに求められているのかというと、「おもしろさ」「楽しさ」、そして「美しさ」です。実は、このことは物だけでなく人間についても同じです。

かつて、男に求められるものは働いてお金を稼ぐ才覚や、腕っぷし、度量に外見といった、比較的わかりやすい要素でした。しかし、最近はどうもそうではないようです。

実際、最近の若い女性は、男性に芸人のようなおもしろさを求める傾向が強くなっています。そのため、話していてつまらない、と判断された男性はすぐに振られてしまう。

「デートしたけれど、つまらなかったんだもん」

そういうことを言う女性があまりにも多いので、私は常に「お笑い芸人と結婚するわけではないんだから」と諭《さと》すのですが、「え〜、でも一緒にいて全然おもしろくないんですよ。これなら女の子同士で話していたほうがずっと楽しいんですよ」とか言って、私の言葉が彼女たちの心に届くことはほとんどありません。

そこで、私は男子学生に「ネタ帳をつくれ」という課題を出して、その中からいいネタを披露し合うという訓練を実施しました。すると、おもしろいネタを披露できた男子学生の人気が、見事に上がっていったのです。

その様子を見た私は、新しい時代の、新たな競争が始まったことを確信しました。今モテるのは、シュッとした格好のいい人か、おもしろい話ができる人かの二種類です。最近のテレビ番組を見ると、まさにそのことがよくわかります。

教養のある人とか、頭のいい人とか、学歴の高い人に対する需要というのは年々減ってきていて、男性のどこが好きかというアンケートでも、教養とか頭のよさというのは、ベストテンの中に一つも入っていないのです。

おもしろい男性がモテるということは、男性に女性を笑わせたり、気分をよくさせたりするコミュニケーション能力が求められるようになったということです。かつてはそんな能力は芸能人くらいしか求められませんでしたが、今はそれが一般にまで拡がりました。

この査定に男性は非常に苦しんだ結果、ここまで厳しい査定をされるぐらいなら、いっそのこと女性から査定されないポジションに逃げてしまいたいと思うようになった。これがいわゆる「草食系男子」や、「絶食系男子」と呼ばれる、女性に対して積極的ではない男性を生み出したのではないかと思います。

●これからは人生の価値を自分で見つけなければいけない

「人生に意味はあるのか」という大きな問いに対する究極的な答えは、禅風に言うなら

「意味があるとかないとか考えること自体が無意味だ」と、いうことになるでしょう。意味を考える、考えないということではなく、「ただ生きろ」ということです。

これはとてもすっきりした答えですが、あまりにもすっきりしすぎていて、多くの人は、この答えで生きていけるほど精神が強くありません。やはり私たちは、自分の人生に何かしらの意味が欲しいのです。

お金は生きていくために必要ですが、お金があるからといって、すべてが満たされるわけではありません。情報は日々入っては消えていくものですから、一時の気晴らしにはなりますが、それこそが人生の意味だとは言えません。

そうなってくると、普通は「永遠なるもの」を人生の拠り所として求めるようになります。そのため、神的な存在を持っている人は、それによって自分の人生を意味づけることになります。

強い信仰心を持っている人はそれでいいでしょう。

でも、私たちの多くは絶対的な回答を持っていません。そのためいろいろ悩むかもしれませんが、答えがない分、好きなことが何でもできるのです。

たとえば、芸術とか美術というもので心を満たしていくということもできます。

「芸術は人生より長い」という言葉がありますが、これはなかなかいい言葉で、確かにそれを生み出した芸術家の人生が終わっても、芸術作品の美というものはその後もずっと存在しつづけます。実際、レオナルド・ダ・ヴィンチ（一四五二〜一五一九）の人生も、ミケランジェロ（一四七五〜一五六四）の人生も、ずいぶん前に終わっていますが、彼らがつくり出した美は、今も息づいて人々を感動させつづけています。

最近私は、クラシック音楽のCDセットをよく買うのですが、それが驚くほど安いのです。ヴァリオリニストの王と称された二十世紀を代表するヤッシャ・ハイフェッツ（一九〇一〜一九八七）のCD一〇枚セットでも数千円なのです。

いま私が迷っているのが、ハイフェッツの一〇三枚セットで二万円台というものです。昔は、クラシックの名盤と言われるレコードは高価なものだったので、一〇三枚も揃えようと思ったら、大変な金額が必要でした。でも今は、それが二万円台で手に入ってしまうのです。

これは本についても言えることで、古本屋さんに行けば安く手に入りますし、図書館で借りて読むこともできます。今は、音楽も本も、死ぬまでにこれだけのものをすべて味わって、きちんと消化し切れるのか、と思うほど、多くの作品に手の届く時代になってきているのです。

そう考えると、「永遠の価値を含んだもの」が、私たちの身の回りには、実はたくさんあるので、触れ方次第で、いくらでも楽しむことができます。

私はモーツァルト（一七五六～一七九一）の全集ＣＤを持っていますが、これまたものすごく安いのです。それでも弦楽曲だけでＣＤが何枚もあって、すぐには聞き切れません。

さらに、作曲家にはまると、あの演奏家のモーツァルト、この演奏家のモーツァルトというふうに聞いていったら、もう一生かかっても間に合いません。

このように今は、一つの分野でも、一生やり切れないほど楽しむネタがあるという恵まれた時代です。ですから私は、人生の楽しみ方は、「ドアの叩き方次第」なのではないかと思うのです。

私たちはいま、ものすごく価値のあるものに囲まれています。ドアの叩き方次第でそれが手に入るのに、すごいものに囲まれていることに気づかないまま、この人生を終えてしまうとしたら——、もったいないと思いませんか？

日本には、芸術だけでなく、あらゆる分野のドアがあります。

たとえば、おいしいものを食べたいと思えば、おいしいトルコ料理でも、おいしいロシア料理でも、たぶん、世界中のありとあらゆるおいしい料理が日本にはあるでしょう。ひとりの作家を深く探求してもいいし、世界中の思想家の思想を学ぶこともできます。

要は、あなたのドアの叩き方次第で、いくらでも人生を楽しくすることができるのだから、それを見つけることが重要だということです。

●日本という「思想のデパート」で選びあぐねる現代人

あれこれ好きなことができるという意味では、今の日本はデパート的状態にあると言えます。品揃えが豊富なのは、とても素晴らしく、幸せなことです。

しかし、あまりにもいろいろな思想がありすぎて選びあぐねている、というのが正直なところかもしれません。

いろいろなドアがあるのに、あまりにもその選択肢が多すぎて、かえって選べない。

また、ドアを開けてみたけれど、その先があまりにもいろいろありすぎて、一生かかってもやりきれないかもしれないと思ったら、「もうどうでもいいや」と投げやりな気持ちになってしまった。そういう人は少なくないと思います。

でも、これも考え方次第です。

日本人はまじめすぎて、何かを始めて途中で挫折すると罪悪感を覚えてしまいます。けれども、何もすべてを楽しまなければならないわけではありません。

もちろん、一つのドアの中で、その奥深さを楽しむのもいいのですが、おもしろそうだからこのドアを開けて、そこでちょっと楽しんだら、他のドアを開けて入ってみる、ということでもいいのです。

ある程度の年齢の方は、今さらドアを開けても、どうせ全部は楽しめないから、と思うかもしれませんが、ドアを開けてそのディープな世界にはまって楽しんでいるうちに時が来ていた、というのも、私はとても幸せな人生だと思います。

このように方法はいくらでもあるはずなのに、楽しむ前に選びあぐねてしまう人が多いのはなぜなのでしょう。

私は、日本の社会を根底で支える思想が失われつつあるからではないかと思っています。

情報化社会では、すべての情報が自由に得られるように見えますが、実はその情報を取捨選択するには、その社会と、社会に住む人々の精神を根底から支える思想が必要なのです。そして、その思想の程度によって、その社会が、あるいはその人が何を選ぶかが決まるのです。

精神を支える思想は、その人の精神を支える柱なので、それがしっかりしていないと、精神が安定しません。だから迷うのです。

かつての日本には、この精神を支える思想がありました。

江戸時代には「士農工商」という身分制度がありました。身分制度は身分差を生じさせるので、福澤諭吉が言ったようになくなったほうがいい前近代的制度なのですが、もしかしたら日本の士農工商は、身分差というよりも、社会のバランスを取るための「役割分担」の側面もあったのかもしれないと思うのです。

武士は身分は高くとも、金銭的にはそれほど裕福ではないし、いざとなれば切腹もしなければなりませんから、結構大変です。

農民は、自由労働に加えて、重い税がかけられて苦しい生活を強《し》いられていた、というイメージがありますが、実際には、身分は武士に次いで高く、そこそこの暮らしができていた人も多いことがわかっています。

これに対し商人は、身分的には一番低いのですが、暮らしは最も豊かでした。中でも豪商と言われるような人は、下手な大名よりずっと豪華な生活を送っていました。

つまり、身分の高い人は貧しく、身分の低い人は豊かで、身分がそこそこの人は生活もそこそこという、ある意味バランスの取れた社会だったのです。

でも、このような形で社会のバランスが取れたのは、当時の社会に、四民すべてが共有する思想があったからです。それは儒教に基づく倫理観であり、また、鈴木正三に集約されるような、自分の仕事をきちんとすることが仏道に通じる、という仏教も神道も交ざった信仰心でもありました。

こうした四民すべてが共有する思想が、社会と、社会に住む人々の精神を根底から支えていたから、人々はどの身分に属そうが、他の身分をうらやんだり、いたずらに対立したりすることもなく、みなそれぞれの立場で、日々神仏に手を合わせ、儒教道徳を守りながら、日々の仕事に励むことができたのです。

日本も、戦前までは、日本人すべてが共有する思想の継承がなされていました。

だからこそ、明治時代の近代化も、戦後の復興も、迷うことも自暴自棄になることもなく、成し遂げることができたのです。

しかし、戦後七五年を経た今、思想の継承は失われてしまいました。その結果、日本人は精神を支える思想を、自分で選び取らなければならなくなっているのですが、自覚のないままにそれが行なわれているというのが実状です。最近、仏教ブームや禅ブーム、神道ブームや『論語』ブームなど、さまざまな思想ブームが起きていますが、それは無自覚のまま、多くの日本人が精神を支える思想を探している表われなのだと思います。

●人生のミッションと職人気質

日本は、戦争に負けてすべてを失いましたが、このときはまだミッションがありました。それは、「働いて、経済的にこの国を復興しよう」というものです。しかしそれも、日本がGDP世界二位の経済大国になると失われてしまいました。

高度経済成長からバブルに突入します。このバブルによって、勤勉だったはずの日本人が、働かないでお金を儲けるほうが賢いという考えを持つようになり、土地やマンションを転がして、目的のないお金儲けに邁進《まいしん》してしまいました。

こうして一九八〇年代に、日本史上初の働かずにお金を儲けたヤツのほうが利口だという思想が蔓延《まんえん》したのですが、間もなく、それが間違いだったことに気づかされます。バブルがはじけ、大量の不良債権が残り、それを整理するのに二〇年近い歳月がかかってしまったのです。

しかし、それでも一度見失った人生の目的を再び見つけ出すことは容易ではありません。いつかあの頃の経済成長とバブルが再びやってくるのではないか、という思いは多くの日本人の心の片隅にあったのではないかと思います。この「精神の不良債権」がやっと払拭されたのは、一つには、二〇一一年の東日本大震災がきっかけでした。

あの震災で、日本人の多くが、人というのはこんなにもはかない存在であるということに気づき、家族との絆、人との絆というものを大切にしようという気持ちを取り戻しました。また、原子力発電所が悲惨な事故を起こしたことで、お金や技術への過信を戒《いまし》め、より安全や自然保護を優先する気持ちが強くなりました。

これによって、精神の不良債権がだいぶ解消され、日本人の多くが、もう一度真人間になってまじめに生きようと思うようになったのです。

でも、問題も残りました。それは、エネルギー不足という問題です。

これは何も原子力発電所がストップしたので電力が不足してしまった、という現実的な問題を言っているわけではありません。ここで言うエネルギー不足とは、精神のエネルギー不足です。いろいろなことがあったために、身を守ろうとするあまり、あらゆるものが控えめになった結果、精神のエネルギー不足に陥ってしまったのです。

本当なら、精神の不良債権が解消されたのですから、開放的な時代に入るべきなのに、さまざまなハラスメントが増えたり、SNSの普及でコミュニティが相互監視状態に陥ってしまったりと、エネルギーが外に向かわず、陰湿なトラブルが増加しています。

そんな時代に、どのように人生のミッションを見つければよいのか。

これは大変な難事業です。でも、もしかしたら、日本は今、これまでにない、世界最先端の思想を生み出そうとしているのかもしれません。

可能性の一つとして、私が考えているのは、「職人」として生きる、という道です。職人仕事というのは、基本的に依頼されてやるものです。それゆえ、与えられた仕事が常にミッションになります。

最近は、言われたことをやるようなサラリーマン的生き方に対して否定的な見方が多いですが、職人は自分にできることの中で、その世界を極めていくという生き方です。だからこそ、頼まれた仕事は断らずやりとげる。

これは鈴木正三の言った、それぞれの立場で自分の務めを一生懸命果たすことが仏の道に通じる、というのに似ています。

「自分はこれしかできない」という人は、不器用なようですが、実は生き方としてはぶれないので、とても強いのです。

職人仕事というと、大工さんや指物師《さしものし》のような手仕事をイメージするかもしれませんが、職人仕事といえるものは他にもたくさんあります。たとえば、コピーライターのような仕事も職人仕事ですし、漫画家も職人と言えます。クリーニング屋さんの中にも「職人気質《かたぎ》」の人はいますし、パティシエや料理人はほとんどが職人です。

また、職人は個人とも限りません。集団で成立する職人仕事もあります。

たとえば、後期印象派を代表する画家のヴィンセント・ゴッホ（一八五三〜一八九〇）があこがれていたのは、日本の浮世絵師たちの集団でした。

なぜゴッホが浮世絵師たちにあこがれたのか、ゴッホ自身が書いた手紙に、その理由が記されています。

日本の芸術家たちがお互い同士で作品を交換したことに、僕は前から感心していた。それはお互いに愛し合い助け合っていたしるしだ、彼らの間にはある種の融和があったに違いない。きっと情誼《じょうぎ》に厚い生活で、もちろん、陰謀もないだろう。われわれが、こうしたところを見習えば見習うほど一層よくなるはずだ。なんでも日本人たちは極く僅かの金しか稼がず、普通の職人のような生活をしたそうだ。

（『ゴッホの手紙』上　岩波文庫）

ゴッホがあこがれた浮世絵師は、チームで仕事をして、いいものをつくる。彼らは芸術家としての意識よりも、互いに助け合う気持ちを持っている。

華々しい生き方ではないかもしれませんが、日本人には、こうした仕事のしかたが、実は合っているのではないかと思います。こうした職人仕事は、職人それぞれの技と身体と思想、そして集団の人間関係というものが整っていないと、満足のいく結果は出せません。

精神と肉体、そして人間関係を、常に整えるのは大変ですが、それだけに、いい仕事をしてミッションを完遂したときには、大きな達成感が得られます。

これまで職人というと、頑固でマイペースなイメージがありましたが、これからの時代の職人は、チームの全体を見ることができる大きな視野を持つことが求められます。そのうえで、自分の仕事をするときはきっちり集中することが、これからの時代のバランスのいい職人の姿だと思います。

それが人生の価値を見つけるのにも、一番近づきやすい道なのではないでしょうか。

あとがきに代えて

ここまで、日本人が何を考え、何を大切にしてきたのかを、見てきました。最後に、ゴッホの素晴らしい言葉を引用したいと思います。弟テオ宛《あて》の手紙の一節です。

ゴッホは、江戸時代の浮世絵職人たちの仕事から大きな影響を受けました。ゴッホの日本人観は、今の私たちに気づきを与えてくれます。

この一節はとりわけ、日本人の特性を明確かつ印象的に語ってくれています。ぜひ、声に出して読んでいただければと思います。ゴッホのこの言葉が、私のメッセージでもあります。

日本の芸術を研究してみると、あきらかに賢者であり哲学者であり知者である人物に出合う。彼は歳月をどう過しているのだろう。地球と月との距離を研究しているのか、いやそうではない。ビスマルクの政策を研究しているのか、いやそうでもない。彼はただ一茎の草の芽を研究しているのだ。

ところが、この草の芽が彼に、あらゆる植物を、つぎには季節を、田園の広々とした風景を、さらには動物を、人間の顔を描けるようにさせるのだ。こうして彼はその生涯を送るのだが、すべてを描きつくすには人生はあまりにも短い。

いいかね、彼らみずからが花のように、自然の中に生きていくこんなに素朴な日本人たちがわれわれに教えるものこそ、真の宗教とも言えるものではないだろうか。

日本の芸術を研究すれば、誰でももっと陽気にもっと幸福にならずにはいられないはずだ。

（『ゴッホの手紙』中　岩波文庫）

本書は、２０１６年3月、小社から単行本で刊行された
『日本人は何を考えてきたのか』を文庫化したものです。

日本人は何を考えてきたのか

一〇〇字書評

切り取り線

購買動機（新聞、雑誌名を記入するか、あるいは○をつけてください）

- □ （　　　　　　　　）の広告を見て
- □ （　　　　　　　　）の書評を見て
- □ 知人のすすめで
- □ タイトルに惹かれて
- □ カバーがよかったから
- □ 内容が面白そうだから
- □ 好きな作家だから
- □ 好きな分野の本だから

●最近、最も感銘を受けた作品名をお書きください

●あなたのお好きな作家名をお書きください

●その他、ご要望がありましたらお書きください

住所	〒				
氏名		職業		年齢	
新刊情報等のパソコンメール配信を 希望する・しない		Eメール	※携帯には配信できません		

あなたにお願い

この本の感想を、編集部までお寄せいただけたらありがたく存じます。今後の企画の参考にさせていただきます。Eメールでも結構です。

いただいた「一〇〇字書評」は、新聞・雑誌等に紹介させていただくことがあります。その場合はお礼として特製図書カードを差し上げます。

前ページの原稿用紙に書評をお書きの上、切り取り、左記までお送り下さい。宛先の住所は不要です。

なお、ご記入いただいたお名前、ご住所等は、書評紹介の事前了解、謝礼のお届けのためだけに利用し、そのほかの目的のために利用することはありません。

〒一〇一‐八七〇一
祥伝社黄金文庫編集長　萩原貞臣
☎〇三（三二六五）二〇八四
ohgon@shodensha.co.jp

祥伝社ホームページの「ブックレビュー」からも、書けるようになりました。
www.shodensha.co.jp/bookreview

祥伝社黄金文庫

日本人《にほんじん》は何《なに》を考《かんが》えてきたのか
——日本《にほん》の思想《しそう》1300年《ねん》を読《よ》み直《なお》す

令和2年10月20日　初版第1刷発行

著　者　齋藤《さいとう》　孝《たかし》
発行者　辻 浩明
発行所　祥伝社《しょうでんしゃ》
〒101－8701
東京都千代田区神田神保町3－3
電話　03（3265）2084（編集部）
電話　03（3265）2081（販売部）
電話　03（3265）3622（業務部）
http://www.shodensha.co.jp/

印刷所　堀内印刷
製本所　ナショナル製本

Printed in Japan　© 2020, Takashi Saito　ISBN978-4-396-31792-8 C0190